M. FABIUS QUINTILIANUS

Institutio oratoria X

Lehrbuch der Redekunst
10. Buch

LATEINISCH UND DEUTSCH

ÜBERSETZT, KOMMENTIERT
UND MIT EINER EINLEITUNG
HERAUSGEGEBEN VON
FRANZ LORETTO

PHILIPP RECLAM JUN. STUTTGART

ENDRE VON IVÁNKA
SEPTUAGENARIO
PRAECEPTORI INCOMPARABILI
D. D. D.
AUCTOR

Universal-Bibliothek Nr. 2956 [2]

Schrift: Garamond-Antiqua. Printed in Germany 1978
Herstellung: Reclam Stuttgart
ISBN 3-15-002956-2

Einleitung

»Der oberste Gott, der Vater aller Dinge und Gestalter der Welt, hat den Menschen durch nichts mehr von den übrigen Lebewesen, wenigstens soweit sie sterblich sind, abgesondert als durch die Redegabe. Denn wir sehen, daß uns die Körper der stummen Geschöpfe jedenfalls an Größe, Stärke, Widerstandskraft, Ausdauer und Schnelligkeit überlegen sind ... Uns gab er daher die Vernunft als das vortrefflichste Geschenk und wollte uns darin den unsterblichen Göttern gleichgestellt wissen. Doch selbst die Vernunft könnte uns nicht besonders viel helfen und wäre in uns nicht so wirksam, wenn wir unsere Gedanken nicht auch im Reden ausdrücken könnten, was den übrigen Lebewesen allem Anschein nach mehr fehlt als der Verstand und ein gewisses Denkvermögen ... Und wie wenig nützt letzten Endes jenen Menschen, denen die Stimme versagt geblieben ist, der himmlische Geist? Wenn wir daher von den Göttern nichts Besseres empfangen haben als die Redegabe, wofür sollen wir dann mehr Pflege und Mühe aufwenden, oder worin sollen wir andere Menschen eher zu übertreffen trachten als gerade darin, worin die Menschen selbst die übrigen Lebewesen übertreffen.«

Die hier in der Übersetzung zitierten Worte, deren hohe Auffassung von der Würde der menschlichen Sprache kaum noch überboten werden kann, finden sich in der »Institutio oratoria« II 16, 12–17 (gekürzt), des wichtigsten systematischen Lehrbuchs der Rhetorik, das uns die Antike hinterlassen hat. Der Verfasser dieses umfangreichen Werkes, M. Fabius Quintilianus, neben Cicero wohl der bedeutendste römische Lehrer der Redekunst, wurde um das Jahr 35 n. Chr. zu Calagurris (jetzt Calahorra) in Spanien als Sohn eines Rhetors geboren. Die Pflege der Beredsamkeit war in Quintilians Familie schon zur Tradition geworden, wenn es stimmt, daß nicht nur der Vater unseres Autors, sondern

bereits sein Großvater Rhetor gewesen war[1]. Seine gründliche Ausbildung in Rhetorik und auch anderen Disziplinen erhielt er zweifellos in Rom. Von seinen Lehrern erwähnt er unter anderen wiederholt den Redner Domitius Afer mit großer Ehrfurcht[2]. Daß auch der Grammatiker Remmius Palaemon, der unter den Kaisern Tiberius und Claudius wirkte, sein Lehrer war, scheint nicht gesichert zu sein[3]. Nach Beendigung seiner Studien und nach einigen Jahren praktischer Berufsausübung in Rom kehrte er nach Spanien zurück und betätigte sich dort als Anwalt und Rhetor, bis ihn der damalige Statthalter der Provinz Hispania Tarraconensis und spätere Kaiser Galba im Jahre 68 wieder in die Hauptstadt des Imperiums brachte. Unter Kaiser Vespasian (69 bis 79) erhielt Quintilian die erste staatlich besoldete Professur für Rhetorik. Zu seinen Schülern zählte Plinius der Jüngere und vielleicht auch der Historiker Tacitus. Erst spät, vielleicht im Jahre 84[4], heiratete er ein junges Mädchen; sein Familienglück dauerte jedoch nicht lange, denn in kurzen Abständen wurden ihm die Gattin sowie seine beiden Söhne durch den Tod entrissen. Nach zwanzig Jahren beruflichen Wirkens, das ihm viel Ruhm brachte[5], zog er sich ins Privatleben zurück und widmete seine letzten Jahre der Erziehung zweier Großneffen[6] des Kaisers Domitian (81–96) sowie literarischen Arbeiten. Er starb gegen Ende des ersten nach-

1. Siehe M. L. Clarke, Quintilian: A Biographical Sketch (in: Greece and Rome, 2. Serie, Vol. XIV, 1967, S. 24–37), S. 24, dem wir auch sonst in manchem folgen.
2. Z. B. inst. V 7, 7: *... a Domitio Afro ..., quem adulescens senem colui*; ferner X 1, 86: *Utar enim verbis isdem, quae ex Afro Domitio iuvenis excepi ...*; oder X 1, 118: *Eorum quos viderim Domitius Afer et Iulius Africanus longe praestantissimi.*
3. Vgl. Clarke, a.a.O., S. 25, Anm. 5.
4. Zur Chronologie s. Clarke, a.a.O., S. 33 f.
5. Sein Landsmann und berühmter Epigrammatiker Martial (ca. 40–102) spricht ihn (II 90) mit ehrenden Worten an: »Quintilian, angesehenster Ratgeber der leichtfertigen Jugend, Quintilian, du Zierde der römischen Anwälte!«
6. Am Rande sei vermerkt, daß die Mutter der beiden Knaben, Flavia Domitilla, von ihrem Onkel, dem Kaiser Domitian, im Jahre 95 wahr-

christlichen Jahrhunderts bald nach der Veröffentlichung der »Institutio oratoria«, die um das Jahr 95 anzusetzen ist.

Von seinen Werken sei zunächst die verlorene Schrift »De causis corruptae eloquentiae« genannt, in der er (ähnlich wie später Tacitus im »Dialogus de oratoribus«) die Ursachen des Niedergangs der zeitgenössischen Beredsamkeit untersuchte[7]. In seinem Hauptwerk, der bereits erwähnten »Institutio oratoria«, legt Quintilian in zwölf Büchern die gesamte Ausbildung zum Redner im Sinne des Ciceronischen Bildungsideals dar: Der Rhetorikunterricht soll zwar zur formalen Beherrschung der Redekunst führen, die für sich allein jedoch nicht genügt, sondern mit einer umfassenden Allgemeinbildung verbunden sein muß. Weil er aber eine gute Erziehung im Elternhaus und einen gediegenen Elementarunterricht für die wichtigsten Grundlagen jeder höheren Bildung hält, ist er bestrebt, auch für die Erziehung des Klein- und Schulkindes gültige Richtlinien aufzustellen. Dabei muten seine Überlegungen bisweilen geradezu modern an, wie zum Beispiel sein pädagogischer Optimismus, der beweist, daß die heute in der pädagogischen Wissenschaft allgemein vertretene Überzeugung, die geistige Bildungsfähigkeit könne grundsätzlich bei allen Menschen vorausgesetzt werden, keine neue Erkenntnis darstellt. Das folgende Zitat möge das Gesagte verdeutlichen: Zu Beginn des ersten Buches schreibt unser Autor (I 1, 1 f.): »Der Vater möge sich also nach der Geburt seines Sohnes zuallererst für ihn das Bestmögliche erhoffen: so wird er vom Anfang an sorgfältiger werden. Falsch nämlich ist die Klage, daß nur sehr wenigen Menschen die Fähigkeit, das Lehrgut geistig zu erfassen, verliehen wurde, daß hingegen die meisten ihre

scheinlich als Christin verbannt und ihr Gatte Flavius Clemens im gleichen Jahr wegen »Gottlosigkeit« hingerichtet wurde; ob auch er Christ gewesen war, ist nicht erwiesen.

7. Nach Schwabe, RE, M. *Fabius* Quintilianus (137), Sp. 1854, faßt Quintilian das in jener Schrift Ausgeführte in seiner »Institutio oratoria« VIII 3, 57 knapp zusammen.

Mühe und Zeit durch geistige Trägheit vergeuden. Denn ganz im Gegenteil dürfte man mehr Menschen finden, die gewandt im Denken und lernwillig sind. Dies nämlich gehört zur menschlichen Natur, und wie den Vögeln das Fliegen, den Pferden der Lauf und den wilden Tieren ihre Grausamkeit angeboren ist, so ist unser wesentliches Merkmal die Regsamkeit und Wendigkeit des Geistes, weshalb man annimmt, die Seele habe ihren Ursprung im Himmel. Schwachsinnige und ungelehrige Menschen aber sind ebenso naturwidrig wie unheimliche und abscheuliche Mißgeburten. Solche aber gab es immer nur ganz wenige.« Daß er im Interesse einer guten Kindererziehung nicht nur die Väter, sondern auch die Mütter möglichst gebildet wissen wollte (I 1, 6), ist ein weiteres Zeugnis für den pädagogischen Weitblick unseres Autors.

Seine Gewissenhaftigkeit in Fragen der Erziehung drückt sich ebenso in seiner Zeichnung des idealen Lehrers aus, die wohl zeitlose Gültigkeit besitzt, weshalb wir auch diese hier wiedergeben möchten. Im zweiten Buch lesen wir über den Charakter und die Aufgaben des Lehrers unter anderem folgendes (II 2, 4–8): »Es nehme daher [der Lehrer] seinen Schülern gegenüber vor allem die Gesinnung eines Vaters an und bedenke, daß er an Stelle derer trete, von denen ihm die Kinder anvertraut werden! Er selbst soll keine Fehler haben, noch sie dulden. Seine Strenge sei nicht mürrisch, seine Milde nicht leichtfertig, damit die Folge der einen Haltung nicht Haß, die der anderen nicht Verachtung sei. Häufig soll er über das sittlich Gute sprechen; denn je öfter er ermahnt, um so seltener wird er strafen; er sei keineswegs jähzornig, setze sich jedoch über das, was einer Berichtigung bedarf, nicht hinweg, sei im Unterricht leicht verständlich, fähig, Anstrengungen zu ertragen, lieber beharrlich als maßlos. Auf Fragen soll er gerne antworten; die, die nicht fragen, soll er unaufgefordert prüfen. Bei den Redeübungen seiner Schüler spare er nicht allzusehr mit dem Lob, noch verschwende er es, weil das eine der Arbeit überdrüssig macht, das andere aber Sorglosigkeit erzeugt. Beim Verbes-

sern der Fehler sei er nicht unfreundlich und schon gar nicht beleidigend; denn dies bringt viele von ihrem Vorsatz zu studieren ab, weil manche so tadeln, als würden sie hassen. Er selbst sage täglich etwas, nein, vieles, was die Hörer mit heimnehmen können. Denn wenn die Lektüre auch genug Beispiele zur Nachahmung bietet, so hat dennoch das, wie man sagt, lebendige Wort eine nachhaltigere Wirkung, und zwar besonders das Wort eines Lehrers, den die Schüler, wofern sie richtig unterwiesen sind, lieben und achten. Kaum läßt sich jedoch sagen, um wieviel lieber wir jene nachahmen, denen wir gewogen sind.«

Gerade in dieser Ausweitung seines Themas von dem auf die reine Rhetorik beschränkten Unterricht auf allgemein pädagogische Gesichtspunkte sieht Quintilian übrigens seine eigentliche Leistung, die ihm erst die Berechtigung gibt, zu den vielen bereits existierenden Rhetorikbüchern ein neues hinzuzufügen[8].

In seinem Werk versteht er es meisterhaft, Theorie und Praxis – wobei er auf die letztere das Hauptgewicht zu legen scheint[9] – zu verbinden und seine Ausführungen den Erfordernissen seiner Zeit anzupassen, indem er die hohle Phrasenhaftigkeit sich immer mehr verbreitender theatralischer Prunkreden, deren Zweck es war, durch eine gewisse Virtuosität in der Beherrschung der sprachlichen Form die Sensationslust der breiten Masse zu befriedigen, mit scharfem Auge als eine sich aus der geistigen Unfruchtbarkeit seiner Zeit (s. z. B. X 2, 8) ergebende Verfallserscheinung diagnostizierte und ihr das hohe Ideal der wahren Redekunst eines Cicero entgegenhielt.

Mit welchem sittlichen Ernst[10] Quintilian an seine Aufgabe heranging, geht aus der Tatsache hervor, daß er über die Vermittlung eines umfangreichen Sachwissens und die An-

8. Ausdrücklich betont er dies in der Einleitung zu seinem Werk (s. Prooem., 4 f.).

9. Vgl. inst. X 5, 18 f.; dazu Clarke, a.a.O., S. 29.

10. Vgl. Clarke, a.a.O., S. 24: »*Iudicium* and *gravitas* are pre-eminently the qualities of Quintilian.«

eignung eines formvollendeten sprachlichen Ausdrucks hinaus das letzte Ziel der Bemühungen eines Lehrers der Redekunst in der Heranbildung einer ethisch wertvollen Persönlichkeit erblickte und das Wesen eines »vollkommenen Redners« mit den Worten des Alten Cato (234–149 v. Chr.) definierte: *Sit ergo nobis orator . . . ›vir bonus dicendi peritus‹*, wobei der Vorrang dem *vir bonus* gebühre (XII 1, 1).

So ist Quintilians »Institutio oratoria« nicht bloß ein Lehrgang der Redekunst im üblichen Sinn des Wortes, sondern bietet, wie schon betont, darüber hinaus wertvolle pädagogische Beobachtungen und Ratschläge und gewährt wie kaum ein anderes einschlägiges Werk der antiken Literatur einen ausgezeichneten Einblick in das gesamte griechisch-römische Bildungssystem. »Alles in allem ist das Werk das geschmackvolle Erzeugnis eines reifen und geläuterten Geistes, das Mommsen mit Recht zu den erfreulichsten Zeugnissen der ganzen römischen Literatur gerechnet hat. Nicht zu vergessen ist auch die Einwirkung des großen Redelehrers auf die musikalische Rhetorik und Ästhetik bis in neuere Zeit. Insbesondere war Quintilians Wertschätzung im Mittelalter und in der Epoche des Humanismus ungeheuer. Auf dem Chorgestühl des Ulmer Münsters erscheint sein Bild neben Propheten und Sibyllen.«[11]

Daß in diesem Bändchen der Versuch einer Übersetzung gerade des zehnten Buches der »Institutio« vorgelegt wird, hat seine guten Gründe. Seit eh und je erfreut sich dieses Buch eines besonderen Interesses und wird auch am häufigsten gelesen. Dies schon deshalb, weil es innerhalb des Gesamtwerkes im gewissen Sinne ein selbständiges, abgeschlossenes Ganzes bildet. Sein erstes Kapitel enthält in den §§ 46 bis 131 die Namen einer Reihe mustergültiger griechischer und römischer Autoren, verbunden mit einer kurzen, meist sehr treffenden und feinsinnigen Würdigung ihrer Werke[12], die dem angehenden Redner mit großem Nachdruck zur

11. H. Hommel in LdAW, Sp. 2501.

12. Zur negativen Beurteilung von Senecas Stil, der wir heute wohl nicht mehr zustimmen können, vgl. Anm. 103, S. 141.

Lektüre und zur intensiven geistigen Auseinandersetzung mit ihnen empfohlen werden. Diese Ausführungen stellen eine systematische literarhistorisch-kritische Studie dar, die wohl zum Bedeutendsten gehört, was wir von der Antike auf diesem Gebiet besitzen. Der Abschnitt über die griechischen Autoren basiert allerdings, wie die gelehrte Forschung gezeigt hat, zum Teil auf der fragmentarisch erhaltenen Abhandlung Περὶ μιμήσεως des Geschichtsschreibers und Rhetors Dionysios von Halikarnaß, der zur Zeit des Augustus in Rom wirkte. Daß er natürlich auch römischen Autoren manche wertvolle Beobachtung für seine Arbeit auf diesem Gebiet verdankt, braucht wohl nicht besonders betont zu werden; man denke nur an die gelehrte Tätigkeit eines M. Terentius Varro (116–27 v. Chr.) oder an die rhetorischen Schriften Ciceros (106–43 v. Chr.)[13].

Darüber hinaus bringt der zweite Teil des zehnten Buches (Kap. 2 bis 7) auch andere überaus wertvolle Ratschläge für die Vervollkommnung und Erhaltung stilistischer Fähigkeiten des angehenden oder bereits in der Praxis stehenden Redners, von denen nicht wenige heute genau so gültig sind wie damals. Hier sei vor allem auf das Kapitel 3 hingewiesen sowie auf die von Quintilian im Kap. 5 betonte Wichtigkeit des Übersetzens aus einer Fremdsprache für die Schärfung des Stilgefühls und die Bereicherung des Wortschatzes und Ausdrucks in der Muttersprache – alles bewährte und im Rahmen einer höheren Bildung früherer Zeiten gründlich geübte Methoden, die in unseren heutigen Schulen leider immer weniger Beachtung finden.

Quintilian selbst schreibt einen sehr gepflegten, an Cicero geschulten Stil, dessen auffallendes Merkmal sein Reichtum an Metaphern und Vergleichen ist. Die wenigen Stellen, wo man bisweilen eine gewisse Nachlässigkeit im Ausdruck zu

13. Zu dieser Frage vgl. W. Peterson, in der Einleitung zu seiner kommentierten Ausgabe des 10. Buches, Kapitel III: ›Quintilian's Literary Criticism‹, S. XXII–XXXIX; ferner R. Faranda, L'Istituzione oratoria, Turin 1968, Bd. I, S. 21 und G. Kennedy, Quintilian, New York 1969, S. 106 f.

beobachten vermeint[14], fallen kaum ins Gewicht und dürfen zu ihrer Rechtfertigung wohl dieselben Worte des Horaz: *quandoque bonus dormitat Homerus* (ars 359) beanspruchen, mit denen Quintilian selbst gelegentliche Fehler der größten Meister des antiken Schrifttums entschuldigt (X 1, 24). Demgegenüber zeigt jedoch seine Sprache nicht selten eine bewundernswerte Eleganz und Schönheit und erhebt sich bisweilen zur Höhe des rhetorischen Pathos, wo der Gegenstand seiner Darstellung es erfordert. Dort beweist der Autor, was er in seinem Fach zu leisten vermag, und liefert dem Leser kleine stilistische Meisterwerke, die keinen Vergleich, nicht einmal den mit Cicero zu scheuen brauchen. Wir denken hier z. B. an die Würdigung Homers (X 1, 46 ff.) oder Ciceros (X 1, 108–112) und auch an die formvollendete, geradezu hymnische Verherrlichung des Germanicus Augustus, d. h. des Kaisers Domitian (X 1, 91 f.), wenn auch die sich darin äußernde, zu Quintilians Zeiten den Imperatoren gegenüber fast schon zur Selbstverständlichkeit gewordene Schmeichelei auf uns einigermaßen abstoßend wirkt[15].

In einer Zeit, in der die Sprache offensichtlich immer mehr zum bloßen Kommunikationsmittel degradiert und ihr ästhetischer Wert nicht selten überhaupt geleugnet wird, verdient ein Werk wie Quintilians »Institutio oratoria« besondere Beachtung. Formuliert es doch am Ende der klassischen römischen Literatur nochmals einprägsam und gültig den Gedanken, der seit Sokrates[16] die antike Philosophie und Bildung beherrschte: daß die dem Menschen verliehene Gabe der Sprache der deutlichste Ausdruck des Geistes sei, dessen Ursprung in der Gottheit selbst gesucht werden müsse.

14. Seine »Weitläufigkeit« und Wiederholungen des bereits Gesagten kritisiert z. B. Schwabe, RE., M. *Fabius* Quintilianus (137), Sp. 1859.

15. Vgl. dazu allerdings auch Clarke, a.a.O., S. 35 f., der an Domitians Gesetzgebung manches Anerkennenswerte hervorhebt, was Quintilians positive Einstellung zu diesem Kaiser in einem günstigeren Licht erscheinen läßt, die Glorifizierung seines mäßigen dichterischen Talentes jedoch keineswegs rechtfertigt.

16. Vgl. etwa Xenophon, Mem. I 4, 12.

Institutio oratoria

Lehrbuch der Redekunst

Liber Decimus

I [De copia verborum]

(1) Sed haec eloquendi praecepta, sicut cogitationi sunt necessaria, ita non satis ad vim dicendi valent, nisi illis firma quaedam facilitas, quae apud Graecos ἕξις nominatur, accesserit: ad quam scribendo plus an legendo an dicendo conferatur, solere quaeri scio. quod esset diligentius nobis examinandum, [citra] si qualibet earum rerum possemus una esse contenti. (2) verum ita sunt inter se conexa et indiscreta omnia, ut, si quid ex his defuerit, frustra sit in ceteris laboratum. nam neque solida atque robusta fuerit umquam eloquentia, nisi multo stilo vires acceperit, et citra lectionis exemplum labor ille carens rectore fluitabit, et qui sciet, quae quoque sint modo dicenda, nisi tamen in procinctu paratamque ad omnis casus habuerit eloquentiam, velut clausis thesauris incubabit. (3) non autem ut quidquid praecipue necessarium est, sic ad efficiendum oratorem maximi protinus erit momenti. nam certe, cum sit in eloquendo positum oratoris officium, dicere ante omnia est, atque hinc initium eius artis fuisse manifestum est, proximam deinde imitationem, novissimam scribendi quoque diligentiam. (4) sed ut perveniri ad summa nisi ex principiis non potest, ita procedente iam opere minima incipiunt esse quae prima sunt. verum nos non, quomodo sit instituendus orator, hoc loco dicimus (nam id quidem aut satis aut certe uti potuimus dictum est), sed athleta, qui omnis iam perdidicerit a prae-

10. Buch

I [Der Wortschatz]

(1) Doch so unentbehrlich diese Stilregeln[1] für die theoretische Vorbereitung auch sind, führen sie allein noch zu keiner wirklichen Beherrschung der Rede, wenn nicht jene sichere Gewandtheit dazukommt, die die Griechen ἕξις nennen. Ob diese durch Schreiben, Lesen oder Reden mehr gefördert wird, pflegt man, wie ich weiß, zu fragen. Dies müßten wir sorgfältiger prüfen, wenn wir uns mit einer einzigen von diesen Beschäftigungen zufriedengeben könnten. (2) Doch so fest verbunden und unzertrennlich sind sie alle, daß man sich, wenn etwas davon fehlen sollte, vergeblich mit den übrigen abgemüht hätte. Denn weder gefestigt noch kernig könnte jemals die Beredsamkeit sein, sollte sie nicht aus reichlicher Schreibübung ihre Kräfte schöpfen; und ohne das Vorbild der Lektüre[2] wird jene Bemühung führerlos umherirren, und wenn jemand, der weiß, was und wie gesprochen werden muß, die Beredsamkeit nicht kampfbereit und für alle möglichen Fälle gerüstet zur Verfügung hat, so wird er gleichsam verschlossene Schätze bewachen[3]. (3) Nicht jedoch wird alles in dem Maße, wie es unbedingt erforderlich ist, bei der Ausbildung des Redners gleich auch von größter Bedeutung sein. Da nämlich seine Hauptaufgabe im Vortrag liegt, ist das Sprechen das Allerwichtigste, und das ist auch offenbar der Anfang dieser Kunst gewesen; als nächstes kommt die Nachahmung und zuletzt auch die eifrige Übung im Schreiben. (4) Denn wie man nur von den Grundbegriffen ausgehend zur Vollendung gelangen kann, so verliert, wenn das Werk Fortschritte macht, das erste immer mehr an Bedeutung. Doch wir erörtern hier nicht die Frage, wie der Redner herangebildet werden soll – denn darüber haben wir ausführlich, oder wenigstens so gut wir konnten, bereits gehandelt –, sondern durch welches Training ein Athlet[4], der bei seinem Lehrer alle regelmäßigen Bewegungen

ceptore numeros, quo genere exercitationis ad certamina praeparandus sit. igitur eum, qui res invenire et disponere sciet, verba quoque et eligendi et conlocandi rationem perceperit, instruamus, qua in ratione quod didicerit facere quam optime, quam facillime possit.

(5) Num ergo dubium est, quin ei velut opes sint quaedam parandae, quibus uti, ubique cumque desideratum erit, possit? hae constant ex copia rerum ac verborum. (6) sed res propriae sunt cuiusque causae aut paucis communes, verba in universas paranda: quae si [in] rebus singulis essent singula, minorem curam postularent: nam cuncta sese cum ipsis protinus rebus offerrent. sed cum sint aliis alia aut magis propria aut magis ornata aut plus efficientia aut melius sonantia, debent esse non solum nota omnia, sed in promptu atque, ut ita dicam, in conspectu, ut, cum se iudicio dicentis ostenderint, facilis ex his optimorum sit electio. (7) et quae idem significarent video solitos ediscere, quo facilius et occurreret unum ex pluribus, et, cum essent usi aliquo, si breve intra spatium rursus desideraretur, effugiendae repetitionis gratia sumerent aliud, quod idem intellegi posset. quod cum est puerile et cuiusdam infelicis operae, tum etiam utile parum: turbam enim tantum modo congregat, ex qua sine discrimine occupet proximum quodque.

(8) Nobis autem copia cum iudicio paranda est, vim orandi, non circulatoriam volubilitatem spectantibus. id autem consequimur optima legendo atque audiendo: non enim solum

gründlich gelernt hat, für die Wettkämpfe vorzubereiten ist. Daher wollen wir ihn, der den Stoff aufzufinden und zu gliedern weiß, der sich bei der Wortwahl und Wortstellung die richtige Methode angeeignet hat, unterweisen, wie er das Gelernte möglichst gut, möglichst geschickt anwenden kann.

(5) Nun ist es wohl nicht zu bezweifeln, daß er sich gewisse Mittel erwerben muß, die er gebrauchen kann, wo und wann es erforderlich ist. Diese bestehen in der Stoffülle und im Wortschatz. (6) Doch liegt jedem Sachverhalt ein besonderer, beziehungsweise nur wenigen ein gemeinsamer Gegenstand zugrunde; Worte aber müssen für alle bereitgestellt werden. Wenn dem einzelnen Gegenstand ein einzelnes Wort entspräche, müßte man dafür eine geringere Sorgfalt aufwenden; sie würden sich nämlich alle sogleich mit den Gegenständen anbieten. Da jedoch die einen angemessener oder geschmackvoller, wirksamer oder wohlklingender sind als die anderen, müssen sie alle nicht nur bekannt, sondern auch griffbereit sein und sozusagen im Blickfeld stehen, damit dem Redner bei ihrer Beurteilung die Auswahl der besten erleichtert werde. (7) Ich sehe aber, daß manche auch sinnverwandte Ausdrücke auswendig zu lernen pflegten, damit ihnen einer von vielen rascher einfalle und damit sie, wenn sie sich irgendeines bereits bedient haben und dieser innerhalb eines kurzen Abschnittes wieder erforderlich wäre, um einer Wiederholung zu entgehen, einen anderen gleichbedeutenden wählen könnten. Ein solches Vorgehen ist zunächst einmal kindisch und mit einer ganz fruchtlosen Anstrengung verbunden, vor allem aber bringt es auch keinen ausreichenden Nutzen: Denn so häuft man nur eine verwirrende Fülle von Wörtern, um sich ohne Unterschied des ersten besten davon zu bedienen.

(8) Wir aber müssen bei der Aneignung des Wortschatzes kritisch vorgehen, da wir uns als Ziel eine gründliche Beherrschung der Rede und nicht bloß eine marktschreierische Zungenfertigkeit gesetzt haben. Das aber können wir nur erreichen, wenn wir die besten Werke lesen oder sie uns an-

nomina ipsa rerum cognoscemus hac cura, sed quod quoque loci sit aptissimum. (9) omnibus enim fere verbis praeter pauca, quae sunt parum verecunda, in oratione locus est. nam scriptores quidem iamborum veterisque comoediae etiam in illis saepe laudantur, sed nobis nostrum opus intueri sat est. omnia verba, exceptis de quibus dixi, sunt alicubi optima: nam et humilibus interim et vulgaribus est opus, et quae nitidiore in parte videntur sordida, ubi res poscit, proprie dicuntur. (10) haec ut sciamus atque eorum non significationem modo, sed formas etiam mensurasque norimus, ut, ubicumque erunt posita, conveniant, nisi multa lectione atque auditione adsequi nullo modo possumus, cum omnem sermonem auribus primum accipiamus. propter quod infantes a mutis nutricibus iussu regum in solitudine educati, etiam si verba quaedam emisisse traduntur, tamen loquendi facultate caruerunt. (11) sunt autem alia huius naturae, ut idem pluribus vocibus declarent, ita ut nihil significationis, quo potius utaris, intersit, ut ›ensis‹ et ›gladius‹, alia quae, etiam si propria rerum aliquarum sint nomina, τροπικῶς a sua re tamen ad eundem intellectum feruntur, ut ›ferrum‹ et ›mucro‹. (12) nam per abusionem sicarios etiam omnis vocamus, qui caedem telo quocumque commiserunt. alia circuitu verborum plurium ostendimus, quale est ›et pressi copia lactis‹. plurima vero mutatione figurarum: scio ›non

hören. Denn nicht allein Namen von Dingen werden wir bei dieser Bemühung kennenlernen, sondern auch, welcher Ausdruck an welcher Stelle der passendste ist. (9) Haben doch fast alle Wörter ihren Platz in der Rede außer einigen wenigen, die nicht schicklich genug sind. Zwar finden die Jambendichter[5] und Verfasser der alten Komödie auch diesbezüglich nicht selten Anerkennung, wir aber wollen uns ausschließlich auf unsere Aufgabe beschränken. Alle Wörter – die eben erwähnten ausgenommen – sind an irgendeiner Stelle die treffendsten; denn gelegentlich bedarf es auch schlichter und alltäglicher; und solche, die in glanzvolleren Partien der Rede häßlich erscheinen, werden, sobald es der Gegenstand fordert, zweckmäßig verwendet. (10) Dies zu wissen und nicht nur ihre Bedeutung, sondern auch ihre Formen und Quantitäten kennenzulernen, damit sie sich an jeder Stelle passend in die Rede einfügen, können wir nicht anders als durch unablässiges Lesen und Hören erreichen, da wir doch jedes gesprochene Wort zuerst mit den Ohren aufnehmen. Daher fehlte auch Kindern, die auf königliches Geheiß von stummen Ammen in der Einöde aufgezogen wurden, auch wenn man erzählt, sie hätten gewisse Laute hervorgebracht, dennoch die Gabe der Rede[6]. (11) Es gibt aber Wörter solcher Art, daß sie durch verschiedene Laute dasselbe bezeichnen, so daß es für die Bedeutung gleichgültig ist, welches man dem anderen vorzieht, wie z. B. »ensis« und »gladius« (für »Schwert«); und wiederum andere, die, obwohl sie eigentliche Bezeichnungen für ganz bestimmte Dinge sind, dennoch von ihrem Gegenstand τροπικῶς (bildlich) auf ein und denselben Begriff übertragen werden können, wie z. B. »ferrum« (Eisen) und »mucro« (Spitze, Schärfe). (12) So nennen wir im uneigentlichen Sinn »sicarii« (Erdolcher) alle Mörder, ganz gleich mit welcher Waffe sie den Mord begangen haben. Anderes drücken wir durch Umschreibung mit mehreren Wörtern aus, so z. B. »und eine Menge gepreßter (geformter) Milch« (für »Käse«); sehr häufig gebrauchen wir für dasselbe auch verschiedene Redewendungen, wie beispielsweise für »scio« (ich weiß): »non ignoro« (ich bin nicht

ignoro‹ et ›non me fugit‹ et ›non me praeterit‹ et ›quis nescit?‹ et ›nemini dubium est‹. (13) sed etiam ex proximo mutuari libet. nam et ›intellego‹ et ›sentio‹ et ›video‹ saepe idem valent quod ›scio‹. quorum nobis ubertatem ac divitias dabit lectio, ut non solum quo modo occurrent, sed etiam quo modo oportet utamur. (14) non semper enim haec inter se idem faciunt, nec sicut de intellectu animi recte dixerim ›video‹, ita de visu oculorum ›intellego‹, nec ut ›mucro‹ gladium, sic mucronem ›gladius‹ ostendit. (15) sed ut copia verborum sic paratur, ita non verborum tantum gratia legendum vel audiendum est. nam omnium, quaecumque docemus, hoc sunt exempla potentiora etiam ipsis quae traduntur artibus (cum eo qui discit perductus est, ut intellegere ea sine demonstrante et sequi iam suis viribus possit), quia, quae doctor praecepit, orator ostendit.

(16) Alia vero audientis, alia legentis magis adiuvant. excitat qui dicit spiritu ipso, nec imagine et ambitu rerum, sed rebus incendit. vivunt omnia enim et moventur, excipimusque nova illa velut nascentia cum favore ac sollicitudine. nec fortuna modo iudicii, sed etiam ipsorum qui orant periculo adficimur. (17) praeter haec vox, actio decora, commodata, ut quisque locus postulabit, pronuntiandi vel potentissima in dicendo ratio et, ut semel dicam, pariter omnia docent. in

unwissend – ich weiß wohl), oder »non me fugit« und »non me praeterit« (es entgeht mir nicht), ferner »quis nescit« (wer weiß nicht?) und »nemini dubium est« (es ist niemandem zweifelhaft). (13) Man pflegt auch gerne Ausdrücke aus dem benachbarten Sinnbereich zu entlehnen. So bedeuten »intellego« (ich verstehe), »sentio« (ich fühle) und »video« (ich sehe) oft dasselbe wie »scio« (ich weiß). Eine reiche Fülle solcher Ausdrücke wird uns die Lektüre liefern, so daß wir uns derer nicht nur, wie sie uns gerade in den Sinn kommen, sondern auch ihrer Zweckmäßigkeit entsprechend bedienen. (14) Auch bezeichnen sie nicht immer dasselbe, wenn man sie miteinander vertauscht; ich könnte zwar vom geistigen Verstehen wohl recht gut »video« (ich sehe) sagen, nicht jedoch ebenso vom Sehvermögen »intellego« (ich verstehe), und es kann auch nicht »gladius« für »mucro« so gebraucht werden wie »mucro« für »gladius«. (15) Doch wenn auch der Wortschatz auf diese Weise erworben wird, so muß man doch nicht nur um der Worte willen lesen oder zuhören. Denn für alles, was wir lehren, sind die Vorbilder deshalb wirksamer als die Vorschriften selbst, die vermittelt werden – wenn der Lernende so weit gebracht worden ist, daß er jene Vorbilder ohne Erklärer verstehen und ihnen bereits aus eigener Kraft folgen kann –, weil das, was der Lehrer vorgeschrieben hat, der Redner vorführt.

(16) Andere Vorteile bringt das Zuhören, andere wiederum die Lektüre. Der Redner begeistert mit dem unmittelbaren Schwung seiner Stimme und feuert nicht durch bildhafte Umschreibung der Dinge an, sondern durch die Tatsachen selbst. Alles lebt und ist in Bewegung, und wir nehmen es ganz neu auf, als entstünde es vor unseren Augen, mit Beifall und Besorgnis. Und nicht nur vom ungewissen Ausgang der Gerichtsverhandlung, sondern auch vom Wagnis der Redner selbst werden wir beeindruckt. (17) Außerdem kann man aus der Stimme, der schönen Gebärdensprache[7] und einer den Erfordernissen jeder Situation angemessenen Art und Weise des Vortrages – wohl das Wirksamste an der Rede –, mit einem Wort, aus alledem zusammen, manches

lectione certius iudicium, quod audienti frequenter aut suus cuique favor aut ille laudantium clamor extorquet. (18) pudet enim dissentire, et velut tacita quadam verecundia inhibemur plus nobis credere, cum interim et vitiosa pluribus placent, et a conrogatis laudantur etiam quae non placent. (19) sed e contrario quoque accidit, ut optime dictis gratiam prava iudicia non referant. lectio libera est nec ⟨ut⟩ actionis impetus transcurrit, sed repetere saepius licet, sive dubites sive memoriae penitus adfigere velis. repetamus autem et tractemus et, ut cibos mansos ac prope liquefactos demittimus, quo facilius digerantur, ita lectio non cruda, sed multa iteratione mollita et velut confecta memoriae imitationique tradatur.

(20) Ac diu non nisi optimus quisque et qui credentem sibi minime fallat legendus est, sed diligenter ac paene ad scribendi sollicitudinem nec per partes modo scrutandi omnia, sed perlectus liber utique ex integro resumendus, praecipueque oratio, cuius virtutes frequenter ex industria quoque occultantur. (21) saepe enim praeparat, dissimulat, insidiatur orator, eaque in prima parte actionis dicit, quae sunt in summa profutura. itaque suo loco minus placent, adhuc nobis quare dicta sint ignorantibus, ideoque erunt cognitis omnibus repetenda. (22) illud vero utilissimum, nosse eas causas, quarum orationes in manus sumpserimus, et quotiens

lernen. Bei der Lektüre dagegen ist das Urteil zuverlässiger, das dem Zuhörer häufig seine eigene Sympathie oder die Beifallsrufe anderer unmöglich machen. (18) Wir schämen uns nämlich, anderer Meinung zu sein, und eine gewisse unbewußte Scheu verhindert, daß wir uns selbst mehr vertrauen; indessen findet Fehlerhaftes bei der Mehrzahl Anklang, und von der Claque[8] wird sogar das, was nicht gefällt, beklatscht. (19) Anderseits kommt es auch vor, daß falsche Urteile den besten Formulierungen keine Anerkennung zuteil werden lassen. Die Lektüre ist ungebundener und verflüchtigt sich nicht wie der Schwung des mündlichen Vortrags, sondern es steht frei, sich das bereits Gelesene öfter vorzunehmen, wenn man im Zweifel ist oder wenn man es sich genau einprägen möchte. So wollen wir es denn wiederholt überdenken, und wie wir die Speisen gut gekaut und geradezu im flüssigen Zustand schlucken, um sie leichter zu verdauen, soll auch der Lesestoff nicht roh, sondern durch oftmalige Wiederholung erweicht und gleichsam zerkaut dem Gedächtnis zur Nachahmung einverleibt werden.

(20) Und daher sind lange Zeit gerade nur die besten Autoren und solche, die das in sie gesetzte Vertrauen am wenigsten enttäuschen, zu lesen; dies muß allerdings gewissenhaft, und zwar fast mit jener peinlichen Sorgfalt, die beim Schreiben angewandt wird, geschehen und nicht mit der Flüchtigkeit eines nur oberflächlichen Durchsehens des Ganzen. Das einmal durchgelesene Buch muß man sich jedenfalls neuerlich vornehmen, besonders eine Rede, deren Vorzüge nicht selten auch absichtlich verborgen werden. (21) Oft deutet der Redner das Kommende nur an, er verstellt sich und legt eine Falle und sagt zu Beginn seiner Rede Dinge, die sich erst am Ende als zweckentsprechend erweisen sollen. Sie finden daher auch an ihrem Platz weniger Anklang, da wir zunächst noch nicht wissen, warum sie gesagt wurden, und sie müssen daher, wenn wir uns mit dem Ganzen vertraut gemacht haben, noch einmal gelesen werden. (22) Besonders vorteilhaft aber ist es, den Tatbestand in den Reden, die wir in die

contingent, utrimque habitas legere actiones: ut Demosthenis et Aeschinis inter se contrarias, et Servi Sulpici atque Messalae, quorum alter pro Aufidia, contra dixit alter, et Pollionis et Cassi reo Asprenate aliasque plurimas. (23) quin etiam si minus pares videbuntur aliquae, tamen ad cognoscendam litium quaestionem recte requirentur, ut contra Ciceronis orationes Tuberonis in Ligarium et Hortensi pro Verre. quid? etiam easdem causas ut quisque egerit utile erit scire. nam de domo Ciceronis dixit Calidius et pro Milone orationem Brutus exercitationis gratia scripsit, etiam si egisse eum Cornelius Celsus falso existimat, (24) et Pollio et Messala defenderunt eosdem, et nobis pueris insignes pro Voluseno Catulo Domiti Afri, Crispi Passieni, Decimi Laeli orationes ferebantur. neque id statim legenti persuasum sit, omnia, quae auctores dixerint, utique esse perfecta. nam et labuntur aliquando et oneri cedunt et indulgent ingeniorum suorum voluptati, nec semper intendunt animum, nonnumquam fatigantur, cum Ciceroni dormitare interim Demosthenes, Horatio vero etiam Homerus ipse videatur. (25) summi enim sunt, homines tamen, acciditque his, qui, quidquid apud illos reppererunt, dicendi legem putant, ut deteriora imitentur (id enim est facilius) ac se abunde similes putent, si vitia magnorum consequantur. (26) modesto tamen et circumspecto iudicio de tantis viris pronuntiandum est, ne, quod plerisque accidit, damnent quae non intellegunt. ac si

Hand nehmen, zu kennen und, sooft es möglich ist, die vom beiderseitigen Standpunkt vorgebrachten Ausführungen zu lesen; wie etwa die gegensätzlichen Reden des Demosthenes und Aischines[9], des Servius Sulpicius und des Messala, von denen der eine zugunsten der Aufidia, der andere gegen sie sprach[10], ferner die des Pollio und Cassius im Prozeß gegen Asprenas[11] und noch viele andere. (23) Und sogar wenn manche den Anforderungen weniger zu entsprechen scheinen, wird man sie dennoch, um die Streitfrage kennenzulernen, mit Recht heranziehen, wie z. B. die Reden des Tubero gegen Ligarius und des Hortensius für Verres, in denen die beiden als Gegenspieler Ciceros auftraten. Außerdem wird es auch nützlich sein zu wissen, wie ein jeder jeweils dieselben Rechtsfälle behandelt hat. Denn über Ciceros Haus[12] sprach (auch) Calidius, und für Milo[13] schrieb Brutus zu Übungszwecken eine Rede, wenn auch Cornelius Celsus irrtümlich annimmt, er hätte sie auch wirklich gehalten. (24) Ferner verteidigten Pollio und Messala dieselben Leute, und die bemerkenswerten Reden des Domitius Afer, Crispus Passienus und Decimus Laelius für Volusenus Catulus gingen in unserer Jugend von Hand zu Hand. Der Leser soll übrigens nicht gleich überzeugt sein, daß alles, was die Autoren gesagt hätten, deshalb unbedingt schon vollkommen sei. Denn sie irren dann und wann von ihrem Ziele ab, wanken unter ihrer Last, willfahren den Neigungen ihres Naturells, strengen sich nicht immer an und ermüden gelegentlich. So scheint dem Cicero auch Demosthenes[14], dem Horaz sogar Homer selbst bisweilen einzunicken[15]. (25) Sie sind zwar die größten, aber doch nur Menschen, und es kommt vor, daß die, die alles, was sie bei jenen gefunden haben, für eine Regel der Rhetorik halten, Minderwertiges nachahmen, was nämlich leichter ist, und glauben, ihnen überaus ähnlich zu sein, wenn sie sich die Fehler der Großen aneignen. (26) Allerdings sollte man besonnen und umsichtig über so bedeutende Männer urteilen, um nicht, wie es bei sehr vielen der Fall ist, zu verurteilen, was man nicht versteht. Und sollte ein Irrtum in der einen oder anderen Richtung unvermeid-

necesse est in alteram errare partem, omnia eorum legentibus placere quam multa displicere maluerim.

(27) Plurimum dicit oratori conferre Theophrastus lectionem poetarum multique eius iudicium sequuntur, neque inmerito. namque ab his in rebus spiritus et in verbis sublimitas et in adfectibus motus omnis et in personis decor petitur, praecipueque velut attrita cotidiano actu forensi ingenia optime rerum talium blanditia reparantur, ideoque in hac lectione Cicero requiescendum putat. (28) meminerimus tamen, non per omnia poetas esse oratori sequendos nec libertate verborum nec licentia figurarum: genus ostentationi comparatum et praeter id, quod solam petit voluptatem eamque fingendo non falsa modo, sed etiam quaedam incredibilia sectatur, patrocinio quoque aliquo iuvari: (29) quod alligata ad certam pedum necessitatem non semper uti propriis ⟨poesis⟩ possit, sed depulsa recta via necessario ad eloquendi quaedam deverticula confugiat, nec mutare quaedam modo verba, sed extendere, corripere, convertere, dividere cogatur: nos vero armatos stare in acie et summis de rebus decernere et ad victoriam niti. (30) neque ego arma squalere situ ac rubigine velim, sed fulgorem in iis esse qui terreat, qualis est ferri, quo mens simul visusque praestringitur, non qualis auri argentique, inbellis et potius habenti periculosus.

(31) Historia quoque alere oratorem quodam uberi iocundoque suco potest. verum et ipsa sic est legenda, ut sciamus,

lich sein, dann wäre es mir wohl lieber, wenn die Leser bei ihnen alles guthießen, als wenn sie vieles mißbilligten.

(27) Dichterlektüre sei für den Redner von größtem Nutzen, sagt Theophrast, und viele folgen – nicht zu Unrecht – seiner Meinung. Denn von den Dichtern lernt man den Höhenflug der Gedanken, die Erhabenheit des sprachlichen Ausdrucks, jede Art von Gemütsbewegungen und angemessene Gestaltung der Charaktere; vor allem aber wird der von täglichen Verhandlungen auf dem Forum gleichsam abgehetzte Geist von so reizvollen Dingen wieder erfrischt; daher meint Cicero, man müsse sich bei solcher Lektüre ausruhen[16].

(28) Bedenken wir aber, daß ein Redner den Dichtern nicht auf allen Wegen folgen darf: weder in der Freiheit der Wortwahl, noch in der Ungebundenheit der dichterischen Figuren; die Dichtkunst ist nämlich für die Zurschaustellung bestimmt; und abgesehen davon, daß sie ausschließlich Freude bereiten will und dieses ihr Ziel zu erreichen trachtet, indem sie nicht nur Unwahres, sondern auch ganz Unglaubliches ersinnt, kommt ihr eine gewisse bevorzugte Stellung zugute: (29) da sie nämlich an einen bestimmten Rhythmus gebunden ist, kann sich die Poesie nicht immer der unmittelbar zutreffenden Ausdrücke bedienen, sondern nimmt, vom geraden Weg verdrängt, notwendigerweise Zuflucht zu stilistischen Absonderlichkeiten und wird nicht nur gezwungen, manche Wörter zu vertauschen, sondern auch zu verlängern, zu kürzen, umzustellen und zu trennen; wir dagegen stehen bewaffnet an der Front, kämpfen um Dinge, die von größter Bedeutung sind, und trachten nach dem Sieg. (30) Gleichwohl aber möchte ich nicht unsere Waffen von Schmutz und Rost starren sehen, sondern sie sollen einen Glanz ausstrahlen, der Schrecken einjagt wie der Glanz des Eisens, der Geist und Augen zugleich blendet, nicht wie der des Goldes und Silbers, unkriegerisch und eher dem Besitzer gefährlich.

(31) Auch die Geschichte vermag den Redner mit sozusagen reichlichem und wohlschmeckendem Saft zu ernähren. Doch auch bei ihrer Lektüre sollten wir uns bewußt sein, daß man-

plerasque eius virtutes oratori esse vitandas. est enim proxima poetis et quodam modo carmen solutum est et scribitur ad narrandum, non ad probandum, totumque opus non ad actum rei pugnamque praesentem, sed ad memoriam posteritatis et ingenii famam componitur: ideoque et verbis remotioribus et liberioribus figuris narrandi taedium evitat. (32) itaque, ut dixi, neque illa Sallustiana brevitas, qua nihil apud aures vacuas atque eruditas potest esse perfectius, apud occupatum variis cogitationibus iudicem et saepius ineruditum captanda nobis est, neque illa Livi lactea ubertas satis docebit eum, qui non speciem expositionis, sed fidem quaerit. (33) adde quod M. Tullius ne Thucydiden quidem aut Xenophontem utiles oratori putat, quamquam illum ›bellicum canere‹, huius ore ›Musas esse locutas‹ existimet. licet tamen nobis in digressionibus uti vel historico nonnumquam nitore, dum in his, de quibus erit quaestio, meminerimus, non athletarum toris, sed militum lacertis ⟨opus⟩ esse, nec versicolorem illam, qua Demetrius Phalereus dicebatur uti, vestem bene ad forensem pulverem facere.(34) est et alius ex historiis usus et is quidem maximus, sed non ad praesentem pertinens locum, ex cognitione rerum exemplorumque, quibus in primis instructus esse debet orator, nec omnia testimonia expectet a litigatore, sed pleraque ex vetustate diligenter sibi cognita sumat, hoc potentiora, quod ea sola criminibus odii et gratia vacant.

ches, was ihren Wert ausmacht, der Redner zu meiden hat. Sie steht nämlich der Poesie sehr nahe, ist in gewisser Weise ein Gedicht in ungebundener Form und will erzählen, nicht beweisen; ihr ganzes Werk dient nicht der Verhandlung und dem Wortstreit des Augenblicks, sondern der Erinnerung der Nachwelt und dem Ruhm des Talentes: Sie meidet daher durch entlegenere Wörter und freiere Redewendungen die Langeweile eintönigen Schilderns. (32) Es ist demnach, wie ich bereits sagte, nicht angebracht, vor dem mit vielen Gedanken beschäftigten und nicht selten ungebildeten Richter nach jener Sallustianischen Kürze, die unbeschwerten und gebildeten Ohren als Gipfelpunkt der Vollkommenheit gilt, zu streben, aber auch jener Milchstrom Livianischer Rede taugt nicht zur Belehrung dessen, der nicht äußeren Glanz der Darstellung, sondern Glaubwürdigkeit sucht. (33) Man bedenke auch, daß nach Auffassung des M. Tullius nicht einmal ein Thukydides oder Xenophon dem Redner förderlich ist[17], obwohl er meint, jener »stoße in die Kriegstrompete« und durch den Mund des letzteren »hätten die Musen gesprochen«[18]. Dennoch steht es uns frei, bei gelegentlichen Abschweifungen auch die Eleganz historischer Darstellung nachzuahmen, sofern wir nicht vergessen, daß bei der Behandlung grundlegender Fragen nicht athletische Muskeln, sondern sehnige Soldatenarme vonnöten sind und daß jenem buntschillernden Gewand, dessen sich, wie man sagte, Demetrios von Phaleron bediente, der Staub des Forums nicht wohl bekommt. (34) Aus den Geschichtswerken ergibt sich noch ein anderer, und zwar besonders großer Vorteil – allerdings nicht für den Gegenstand unserer gegenwärtigen Untersuchung[19] –, nämlich aus der Kenntnis der Ereignisse und Vorbilder, die der Redner in erster Linie griffbereit haben muß; denn er soll nicht alle Beweise von der prozeßführenden Partei erwarten, sondern sie größtenteils aus seiner Kenntnis der Vergangenheit, mit der er gründlich vertraut sein muß, schöpfen; sie sind insofern wirksamer, als sie allein über jeden Verdacht des Hasses oder der Gunst erhaben sind.

(35) A philosophorum vero lectione ut essent multa nobis petenda, vitio factum est oratorum, qui quidem illis optima sui operis parte cessere. nam et de iustis, honestis, utilibus iisque quae sint istis contraria, et de rebus divinis maxime dicunt et argumentantur acriter, et altercationibus atque interrogationibus oratorem futurum optime [Socratici] praeparant. (36) sed his quoque adhibendum est simile iudicium, ut etiam cum in rebus versemur isdem, non tamen eandem esse condicionem sciamus litium ac disputationum, fori et auditori, praeceptorum et periculorum.

(37) [Qui auctores legendi sunt.] Credo exacturos plerosque, cum tantum esse utilitatis in legendo iudicemus, ut id quoque adiungamus operi, qui sint ⟨legendi⟩, quae in auctore quoque praecipua virtus. sed persequi singulos infiniti fuerit operis. (38) quippe cum in Bruto M. Tullius tot milibus versuum de Romanis tantum oratoribus loquatur et tamen de omnibus aetatis suae, qui quidem tum vivebant, exceptis Caesare atque Marcello, silentium egerit: quis erit modus, si et illos et qui postea fuerunt et Graecos omnis et philosophos? (39) fuit igitur brevitas illa tutissima, quae est apud Livium in epistula ad filium scripta, ›legendos Demosthenen atque Ciceronem, tum ita, ut quisque esset Demostheni et Ciceroni simillimus‹. (40) non est dissimulanda nostri quoque iudicii summa. paucos enim vel potius vix ullum ex his, qui vetustatem pertulerunt, existimo posse reperiri, quin iudicium adhibentibus adlaturus sit utilitatis aliquid, cum se Cicero ab illis quoque vetustissimis auctoribus, ingeniosis quidem, sed arte carentibus, plurimum fateatur adiutum. (41) nec multo aliud de novis sentio: quotus enim quisque

(35) Daß wir vieles auch der Lektüre der Philosophen entnehmen müssen, daran tragen die Redner selbst die Schuld, die ihnen gerade den schönsten Teil ihrer eigenen Aufgabe abgetreten haben[20]. Denn sie sprechen sehr viel und argumentieren scharfsinnig über das Gerechte, das sittlich Gute, das Nützliche und ihr Gegenteil sowie über theologische Fragen und bereiten den angehenden Redner gründlich auf Debatten und Verhöre vor. (36) Aber auch hier ist eine ähnliche Vorsicht am Platze (wie bei den Geschichtswerken), denn wir sollen auch dann, wenn wir dieselben Themen behandeln, wissen, daß zwischen Rechtsstreitigkeiten und philosophischen Erörterungen, zwischen Forum und Hörsaal sowie zwischen Unterricht und Prozessen ein wesentlicher Unterschied besteht.

(37) Da nach unserer Meinung die Lektüre so viel Nützliches bietet, werden, so glaube ich, manche verlangen, daß wir auch noch die Frage erörtern, welche Autoren gelesen werden sollen und welchen besonderen Vorzug ein jeder hat. Doch wollte man sie alle einzeln durchgehen, wäre es eine Arbeit ohne Ende. (38) Denn da schon M. Tullius im »Brutus«[21] so viele tausend Zeilen nur den römischen Rednern widmete und dennoch von allen seinen Zeitgenossen[22] keinen außer Caesar und Marcellus erwähnte, wie kämen dann wir je ans Ziel, wenn wir diese sowohl wie die späteren, ferner alle Griechen und Philosophen besprechen müßten?[23] (39) Sehr vorsichtig war daher der auf das Wesentliche beschränkte Rat des Livius, wenn er im Brief an seinen Sohn schrieb[24], »lesenswert seien Demosthenes und Cicero, ferner alle, die Demosthenes und Cicero möglichst ähnlich sind«. (40) Auch unsere Hauptansichten darüber sollen nicht verhehlt werden. Denn nur wenige oder besser kaum einer von denen, die die Vergangenheit überdauert haben, läßt sich meiner Meinung nach finden, der den kritischen Betrachtern nicht etwas Brauchbares liefern könnte; bekennt doch Cicero, er verdanke sehr viel auch den ältesten Schriftstellern, die zwar talentiert, nicht jedoch theoretisch gebildet waren[25]. (41) Und nicht viel anders denke ich über die Neuen.

inveniri tam demens potest, qui ne minima quidem alicuius certe fiducia partis memoriam posteritatis speraverit? qui si quis est, intra primos statim versus deprehendetur et citius nos dimittet, quam ut eius nobis magno temporis detrimento constet experimentum. (42) sed non quidquid ad aliquam partem scientiae pertinet, protinus ad faciendam etiam phrasin, de qua loquimur, accommodatum.

Verum antequam de singulis loquar, pauca in universum de varietate opinionum dicenda sunt. (43) nam quidam solos veteres legendos putant neque in ullis aliis esse naturalem eloquentiam et robur viris dignum arbitrantur, alios recens haec lascivia deliciaeque et omnia ad voluptatem multitudinis imperitae composita delectant. (44) ipsorum etiam, qui rectum dicendi genus sequi volunt, alii pressa demum et tenuia et quae minimum ab usu cotidiano recedant, sana et vere Attica putant, quosdam elatior ingenii vis et magis concitata et plena spiritus capit, sunt etiam lenis et nitidi et compositi generis non pauci amatores. de qua differentia disseram diligentius, cum de genere dicendi quaerendum erit: interim summatim, quid et a qua lectione petere possint, qui confirmare facultatem dicendi volent, attingam. (45) paucos (sunt enim eminentissimi) excerpere in animo est. facile est autem studiosis, qui sint his simillimi, iudicare, ne quisquam queratur, omissos forte aliquos, ⟨quos⟩ ipse valde probet: fateor enim pluris legendos esse quam qui a me

Denn wie wenige wird man wohl ausfindig machen, die so beschränkt wären, daß sie sich nicht einmal mit der geringsten Zuversicht einen Namen bei der Nachwelt wenigstens für einen Teil ihres Werkes erhoffen dürften? Gibt es aber einen solchen, werden wir ihn gleich in den ersten Zeilen ertappen und uns schneller von ihm abwenden, als daß uns diese Probe einen großen Zeitverlust kosten würde. (42) Doch nicht alles, was zu irgendeinem Teilgebiet der Wissenschaft[26] gehört, ist auch schon geeignet, einen (guten) sprachlichen Ausdruck, der das Thema unserer Erörterungen bildet, hervorzurufen.

Bevor ich aber über die Autoren im einzelnen spreche, möchte ich ganz allgemein einiges über die Verschiedenheit der Ansichten vorausschicken. (43) Manche nämlich sind der Auffassung, man solle nur die Alten lesen, und glauben, daß bei keinem anderen die natürliche Beredsamkeit und jene der Männer würdige Kraft zu finden sei; andere wiederum erfreut der Schwulst und die Geziertheit unserer Zeit und alles, was den Zweck verfolgt, die Masse der Ungebildeten zu unterhalten. (44) Selbst von solchen, die sich einen guten Stil aneignen wollen, halten die einen nur den knappen und schlichten Ausdruck, der von der Sprache des Alltags am wenigsten abweicht, für vernünftig und echt attisch; wieder andere fesselt die gehobenere, leidenschaftlichere und schwungvolle Sprachgewalt des Genies; es gibt aber auch Bewunderer der ruhigen, gefälligen und wohlgefügten Redeweise[27]. Diesen Unterschied werde ich bei der Erörterung der Stilarten[28] eingehender besprechen; einstweilen will ich kurz erwähnen, was sich diejenigen, die ihre Redegewandtheit festigen wollen, aneignen müssen und bei welcher Lektüre sie es tun können: (45) Nur wenige, und zwar die wichtigsten (Autoren) beabsichtige ich hervorzuheben. Für die Studierenden wird es dann ein leichtes sein zu entscheiden, wer diesen am ähnlichsten ist, damit sich niemand beklage, daß einige zufällig übergangen wurden, die er selbst besonders schätzt; denn ich gebe zu, daß eine größere Zahl zu lesen ist als die, welche ich nennen werde. Doch nun will

nominabuntur. sed nunc genera ipsa lectionum, quae praecipue convenire intendentibus, ut oratores fiant, existimem, persequor.

(46) Igitur, ut Aratus ab Iove incipiendum putat, ita nos rite coepturi ab Homero videmur. hic enim, quem ad modum ex Oceano dicit ipse amnium fontiumque cursus initium capere, omnibus eloquentiae partibus exemplum et ortum dedit. hunc nemo in magnis rebus sublimitate, in parvis proprietate superaverit. idem laetus ac pressus, iucundus et gravis, tum copia tum brevitate mirabilis, nec poetica modo, sed oratoria virtute eminentissimus. (47) nam ut de laudibus, exhortationibus, consolationibus taceam, nonne vel nonus liber, quo missa ad Achillem legatio continetur, vel in primo inter duces illa contentio vel dictae in secundo sententiae omnis litium ac consiliorum explicant artes? (48) adfectus quidem vel illos mites vel hos concitatos nemo erit tam indoctus, qui non in sua potestate hunc auctorem habuisse fateatur. age vero, non utriusque operis sui ingressu in paucissimis versibus legem prohoemiorum non dico servavit, sed constituit? nam et benevolum auditorem invocatione dearum, quas praesidere vatibus creditum est, et intentum proposita rerum magnitudine et docilem summa celeriter comprensa facit. (49) narrare vero quis brevius quam qui mortem nuntiat Patrocli, quis significantius potest quam qui Curetum Aetolorumque proelium exponit? iam similitudines, amplificationes, exempla, digressus, signa rerum et argumenta cetera quaeque probandi ac refutandi sunt ita

ich gleich auch die verschiedenen Gebiete des Lesestoffes behandeln, von denen ich glaube, daß sie angehenden Rednern vornehmlich zugute kommen.

(46) Wie nun Aratos meint, man müsse mit Jupiter beginnen, so glauben wir, nach rechtem Brauch Homer an den Anfang setzen zu sollen. Dieser nämlich ist in der Weise, wie er selbst sagt[29], daß der Lauf der Flüsse und Quellen vom Ozean ausgehe, für alle Gebiete der Redekunst Vorbild und Ursprung. Ihn vermag wohl niemand an Erhabenheit in großen, an Angemessenheit in kleinen Dingen zu überbieten. Er ist zugleich verschwenderisch und knapp, gefällig und ernst, bald um der Fülle, bald um der Kürze willen bewundernswert und nicht nur auf Grund seiner dichterischen, sondern auch seiner rednerischen Kraft der Allergrößte.

(47) Denn ganz zu schweigen von den Lobreden, Ermahnungen und Tröstungen, entfalten nicht beispielsweise das neunte Buch, das die Gesandtschaft an Achilles[30] beinhaltet, oder jener bekannte Streit unter den Anführern[31] im ersten oder die im zweiten vorgebrachten Ansichten[32] alle Kunstregeln der Rhetorik, die bei Prozessen und Beratungen zu beachten sind[33]? (48) Und es wird wohl niemand so ungebildet sein, daß er leugnete, dieser Dichter habe alle Gefühlsregungen, sei es die sanften, sei es die leidenschaftlichen, in seiner Gewalt. Und weiter, hat er nicht zu Beginn beider Werke in ganz wenigen Versen die für Proömien (Einleitungen) gültige Regel, ich sage nicht eingehalten, sondern aufgestellt? Denn er gewinnt durch die Anrufung der Göttinnen, die, wie man glaubte, Schutzherrinnen der Dichter seien, das Wohlwollen seines Hörers, macht ihn durch die Darlegung der Größe seines Gegenstandes gespannt und durch die knappe Zusammenfassung des Hauptinhaltes aufnahmefähig. (49) Wer aber könnte mit knapperen Worten schildern als jener, der die Nachricht vom Tod des Patroklos überbringt[34], oder anschaulicher als derjenige, der den Kampf der Kureten mit den Aitolern beschreibt[35]? Ferner gibt es bei ihm so viele Gleichnisse, Steigerungen, Beispiele, Abschweifungen, sachliche Beweise sowie Schlußfolgerungen und der-

multa, ut etiam qui de artibus scripserunt plurima earum rerum testimonia ab hoc poeta petant. (50) nam epilogus quidem quis umquam poterit illis rogantis Achillen Priami precibus aequari? quid? in verbis, sententiis, figuris, dispositione totius operis nonne humani ingenii modum excedit? ut magni sit virtutes eius non aemulatione, quod fieri non potest, sed intellectu sequi. (51) verum hic omnis sine dubio et in omni genere eloquentiae procul a se reliquit, epicos tamen praecipue, videlicet quia durissima in materia simili comparatio est. (52) raro assurgit Hesiodus magnaque pars eius in nominibus est occupata, tamen utiles circa praecepta sententiae levitasque verborum et compositionis probabilis, daturque ei palma in illo medio genere dicendi. (53) contra in Antimacho vis et gravitas et minime volgare eloquendi genus habet laudem. sed quamvis ei secundas fere grammaticorum consensus deferat, et adfectibus et iocunditate et dispositione et omnino arte deficitur, ut plane manifesto appareat, quanto sit aliud proximum esse, aliud secundum. (54) Panyasin, ex utroque mixtum, putant in eloquendo neutrius aequare virtutes, alterum tamen ab eo materia, alterum disponendi ratione superari. Apollonius in ordinem a grammaticis datum non venit, quia Aristarchus atque Aristophanes, poetarum iudices, neminem sui temporis in numerum redegerunt, non tamen contemnendum reddidit opus aequali quadam mediocritate. (55) Arati materia motu caret, ut in qua nulla

gleichen Mittel der Argumentation und Widerlegung, daß sogar die Verfasser von Lehrbüchern der Rhetorik zahlreiche Belege dafür diesem Dichter entnehmen. (50) Und dann, welche Schlußrede[36] wird sich jemals mit den Bitten, die Priamos an Achilles richtet[37], vergleichen können? Ja, noch mehr! Hat er in der Wortwahl, in seinen Gedanken, Redewendungen und der Gliederung des ganzen Werkes nicht die Grenzen menschlichen Geistes überschritten? So daß es schon viel bedeutet, seinen Vorzügen nicht im Wetteifer – was unmöglich ist – sondern mit Verständnis zu folgen. (51) Zweifellos hat er auf jedem Gebiet der Redegewandtheit alle übrigen weit hinter sich gelassen, in erster Linie jedoch die Epiker, weil es ja sehr schwierig ist, sich in ähnlichem Stoff mit jemandem zu messen. (52) Selten nimmt Hesiodos einen höheren Schwung, und ein großer Teil seines Werkes hat mit Namen zu tun[38]; nützlich sind jedoch die Sentenzen, in die er seine Vorschriften kleidet, wie auch die Glätte der Worte und des Satzgefüges Beifall verdient; es gebührt ihm die Siegespalme im ›mittleren Stil‹. (53) Dagegen werden bei Antimachos Ausdruckskraft, Gemessenheit und seine keineswegs alltägliche Sprache gerühmt. Doch obwohl ihn die Grammatiker[39] nahezu einstimmig an die zweite Stelle (nach Homer) setzen, läßt er es an Stimmung, Gefälligkeit, Gliederung und überhaupt an künstlerischer Gewandtheit fehlen, so daß es sich ganz deutlich zeigt, wie es etwas völlig anderes ist, der Nächste, und etwas anderes, der Zweite zu sein. (54) Von Panyassis, der von beiden[40] etwas hat, ist man der Meinung, daß er im sprachlichen Ausdruck die Vorzüge keines von beiden erreiche, wohl aber den einen in der Stoffwahl[41], den anderen in der Gliederungskunst übertreffe. Apollonios wurde in die von den Grammatikern aufgestellte Reihenfolge nicht aufgenommen, weil die Dichterkritiker Aristarchos und Aristophanes von ihren Zeitgenossen niemanden berücksichtigt haben; dennoch verfaßte er ein beachtliches Werk, das sich gleichmäßig auf der Ebene des ›mittleren Stils‹ hält. (55) Der von Aratos behandelte Stoff entbehrt jeder Lebhaftigkeit, da er keine

varietas, nullus adfectus, nulla persona, nulla cuiusquam sit oratio, sufficit tamen operi, cui se aequalem credidit. admirabilis in suo genere Theocritus, sed musa illa rustica et pastoralis non forum modo, verum ipsam etiam urbem reformidat. (56) audire videor undique congerentis nomina plurimorum poetarum. quid? Herculis acta non bene Pisandros? quid? Nicandrum frustra secuti Macer atque Vergilius? quid? Euphorionem transibimus? quem nisi probasset Vergilius idem, numquam certe ›conditorum Chalcidico versu carminum‹ fecisset in Bucolicis mentionem. quid? Horatius frustra Tyrtaeum Homero subiungit? (57) nec sane quisquam est tam procul a cognitione eorum remotus, ut non indicem certe ex bibliotheca sumptum transferre in libros suos possit. nec ignoro igitur quos transeo nec utique damno, ut qui dixerim esse in omnibus utilitatis aliquid. (58) sed ad illos iam perfectis constitutisque viribus revertemur, quod in cenis grandibus saepe facimus, ut, cum optimis satiati sumus, varietas tamen nobis ex vilioribus grata sit. tunc et elegiam vacabit in manus sumere, cuius princeps habetur Callimachus, secundas confessione plurimorum Philetas occupavit. (59) sed dum adsequimur illam firmam, ut dixi, facilitatem, optimis adsuescendum est et multa magis quam multorum lectione formanda mens et ducendus color. itaque ex tribus receptis Aristarchi iudicio scriptoribus iamborum ad ἕξιν maxime pertinebit unus Archilochus. (60) summa in hoc vis

Abwechslung, keine Gefühlsregung, keine Charakterzeichnung und keine einzige Rede enthält; trotzdem genügt er (der Dichter) der Aufgabe, der er sich gewachsen glaubte. Bewundernswert in seiner Art ist Theokritos, doch schreckt die Muse seiner Land- und Hirtenpoesie nicht nur vor dem Forum, sondern auch vor der Stadt zurück[42]. (56) Es kommt mir vor, als hörte ich etliche Leute, die von überallher Namen unzähliger Dichter zusammentragen: »Wie? Hat nicht Peisandros die Taten des Herakles trefflich geschildert? Und haben Macer und Vergil Nikandros umsonst nachgeahmt? Wollen wir auch Euphorion übergehen? Hätte Vergil diesen nicht ebenfalls anerkannt, so hätte er in seinen ›Bucolica‹ ›die in chalkidischen Versen verfaßten Gedichte‹[43] sicherlich niemals erwähnt. Wie? Hat Horaz Homer und Tyrtaios vergeblich in einem Atem genannt[44]?« (57) Gewiß ist niemand mit diesen Dichtern so unzulänglich vertraut, daß er nicht wenigstens ihr Namensverzeichnis einer Bibliothek entnehmen und unter seine Bücher einreihen könnte. Auch mir sind also jene, die ich übergehe, bekannt, und ich lehne sie durchaus nicht ab, da ich doch schon gesagt habe[45], daß bei allen etwas Brauchbares zu finden sei. (58) Doch wir werden zu ihnen erst dann zurückkehren, wenn unsere Kräfte schon auf der Höhe und gefestigt sind, wie wir es oft bei festlichen Gelagen tun, daß wir, mit den köstlichsten Speisen gesättigt, zur Abwechslung gerne nach den einfacheren langen. Dann werden wir auch für die Beschäftigung mit der Elegie Zeit finden, als deren Hauptvertreter Kallimachos gilt, während Philetas, wie die meisten zugeben, den zweiten Platz einnimmt. (59) Bis wir aber jene sichere Gewandtheit, von der ich bereits gesprochen habe[46], erreichen, müssen wir uns mit den besten vertraut machen und mehr durch intensive als durch eine auf viele Autoren ausgedehnte Lektüre unseren Geist schulen und uns den richtigen Ton aneignen. Daher wird von den drei Jambendichtern, die nach dem Urteil des Aristarchos (in den Kanon) aufgenommen wurden, nur Archilochos[47] auf die ἕξις besonderen Einfluß haben. (60) Hervorragend seine Ausdrucksfähigkeit, schwungvoll

elocutionis, cum validae tum breves vibrantesque sententiae, plurimum sanguinis atque nervorum, adeo ut videatur quibusdam, quod quoquam minor est, materiae esse, non ingenii vitium. (61) novem vero lyricorum longe Pindarus princeps spiritus magnificentia, sententiis, figuris, beatissima rerum verborumque copia et velut quodam eloquentiae flumine: propter quae Horatius eum merito credidit nemini imitabilem. (62) Stesichorum, quam sit ingenio validus, materiae quoque ostendunt, maxima bella et clarissimos canentem duces et epici carminis onera lyra sustinentem. reddit enim personis in agendo simul loquendoque debitam dignitatem, ac si tenuisset modum, videtur aemulari proximus Homerum potuisse, sed redundat atque effunditur, quod ut est reprehendendum, ita copiae vitium est. (63) Alcaeus in parte operis ›aureo plectro‹ merito donatur, qua tyrannos insectatus multum etiam moribus confert, in eloquendo quoque brevis et magnificus et diligens et plerumque oratori similis, sed et lusit et in amores descendit, maioribus tamen aptior. (64) Simonides, tenuis alioqui, sermone proprio et iocunditate quadam commendari potest, praecipua tamen eius in commovenda miseratione virtus, ut quidam in hac eum parte omnibus eiusdem operis auctoribus praeferant.

(65) Antiqua comoedia cum sinceram illam sermonis Attici gratiam prope sola retinet, tum facundissimae libertatis, et si est insectandis vitiis praecipua, plurimum tamen virium etiam in ceteris partibus habet. nam et grandis et elegans et venusta, et nescio an ulla, post Homerum tamen, quem ut

prägnant und sprühend von Geist seine Sentenzen, alles voller Saft und Kraft. Wenn er daher überhaupt jemandem nachsteht, so trifft, wie manche glauben, die Schuld den Gegenstand seiner Dichtung, nicht aber seine Begabung. (61) Von den neun Lyrikern[48] ist Pindar durch das Pathos seiner Begeisterung, seine Sinnsprüche und dichterischen Figuren, durch die so reiche Fülle an Gedanken und Worten und gleichsam durch den Fluß seiner Rede der weitaus bedeutendste: Daher hielt ihn Horaz mit Recht für unnachahmlich[49]. (62) Welch ein gewaltiges Genie Stesichoros ist, zeigen schon seine Themen; besingt er doch die größten Kriege und die berühmtesten Feldherren und bürdet der Leier die Last eines epischen Gedichtes auf. Er verleiht nämlich den Personen im Handeln und im Sprechen die nötige Würde; und wenn er das Maß eingehalten hätte, wäre er, so scheint es, noch am ehesten imstande, mit Homer zu wetteifern; allein sein Stil ist überströmend und kennt keine Schranken; aber sosehr dieser Fehler getadelt werden muß, ist er immerhin auf seine reiche Begabung zurückzuführen. (63) Alkaios verdient voll und ganz das »goldene Plektron«[50] in dem Teil seines Werkes, worin er durch seine Invektiven gegen die Tyrannen auch der Gesittung überaus förderlich ist; im Ausdruck ist er überdies gedrängt, erhaben, sorgfältig und meist mit einem Redner vergleichbar; er tändelte jedoch auch und ließ sich zur Liebeslyrik herab, dennoch liegt ihm der gehobenere Stil mehr. (64) Simonides, ansonsten schlicht, kann wegen seiner angemessenen und immerhin reizvollen Sprache empfohlen werden; sein besonderer Vorzug liegt jedoch in der Fähigkeit, Mitleid zu erregen, so daß ihn darin manche allen Dichtern dieser Gattung vorziehen.

(65) Die alte Komödie bewahrt wohl als einzige jene natürliche Grazie des attischen Idioms, vor allem aber zeigt sie sich in ihrer Freimütigkeit äußerst wortgewandt; und wenn auch ihre besondere Stärke in der Verhöhnung der Laster liegt, erweist sie sich dennoch auch auf anderen Gebieten als sehr wirkungsvoll. Denn sie ist feierlich, elegant und anmutig, und vielleicht entspricht – wenigstens nach Homer,

Achillem semper excipi par est, aut similior sit oratoribus aut ad oratores faciendos aptior. (66) plures eius auctores, Aristophanes tamen et Eupolis Cratinusque praecipui. tragoedias primus in lucem Aeschylus protulit, sublimis et gravis et grandilocus saepe usque ad vitium, sed rudis in plerisque et incompositus: propter quod correctas eius fabulas in certamen deferre posterioribus poetis Athenienses permisere. suntque eo modo multi coronati. (67) sed longe clarius inlustraverunt hoc opus Sophocles atque Euripides, quorum in dispari dicendi via uter sit poeta melior, inter plurimos quaeritur. idque ego sane, quoniam ad praesentem materiam nihil pertinet, iniudicatum relinquo. illud quidem nemo non fateatur necesse est, his, qui se ad agendum comparant, utiliorem longe fore Euripiden. (68) namque is et sermone (quod ipsum reprehendunt quibus gravitas et cothurnus et sonus Sophocli videtur esse sublimior) magis accedit oratorio generi et sententiis densus et illis, quae a sapientibus tradita sunt, paene ipsis par, et dicendo ac respondendo cuilibet eorum, qui fuerunt in foro diserti, comparandus, in adfectibus vero cum omnibus mirus, tum in his, qui in miseratione constant, facile praecipuus. (69) hunc et admiratus maxime est, ut saepe testatur, et secutus, quamquam in opere diverso, Menander, qui vel unus meo quidem iudicio diligenter lectus ad cuncta, quae praecipimus, effingenda sufficiat: ita omnem vitae imaginem expressit, tanta in eo inveniendi copia et eloquendi facultas, ita est omnibus rebus, personis, adfectibus accommodatus. (70) nec nihil profecto

der wie Achilles immer eine Ausnahme bilden sollte[51] – keine andere Dichtungsgattung so sehr den rhetorischen Anforderungen oder ist eher geeignet, Redner heranzubilden. (66) Die Zahl ihrer Vertreter ist ansehnlich, Aristophanes jedoch sowie Eupolis und Kratinos sind die bedeutendsten. Den Tragödien hat Aischylos als erster Ansehen verschafft; er ist erhaben, ernst und in seiner Sprache feierlich, oft bis zur Übertreibung, in manchem freilich noch ohne Schliff und holprig; daher gestatteten die Athener späteren Dichtern, bei Wettbewerben seine Dramen in verbesserter Fassung aufzuführen[52]. Auf diese Weise errangen viele den Siegeskranz. (67) In einem weitaus helleren Lichte ließen jedoch Sophokles und Euripides diese Dichtungsgattung erstrahlen. Sehr viele werfen die Frage auf, wer von den beiden bei ihrem ungleichen Stil der bessere Dichter sei. Dieses Problem lasse ich jedenfalls unentschieden, da es in keiner Weise zu unserem Thema gehört. Eines aber muß jeder ausnahmslos zugeben, daß den angehenden Rednern Euripides viel bessere Dienste leisten wird. (68) Denn er kommt in seiner Sprache der rhetorischen Ausdrucksweise näher – gerade das aber rügen jene, denen der Ernst, der tragische Stil und der Ton des Sophokles erhabener zu sein scheinen –, ist reich an Sinnsprüchen und sogar den Gedanken, die von den Weisen (= Philosophen) überliefert sind, fast ebenbürtig; in Rede und Antwort braucht er keinen Vergleich mit irgendeinem von denen, die sich auf dem Forum (als Redner) bewährt haben, zu scheuen; erstaunlich ist seine Fähigkeit, Gefühlsregungen jeder Art hervorzurufen; bei denen, die dem Mitgefühl entspringen, ist er unstreitig ein Meister. (69) Menander hat ihn am meisten bewundert, wie er oft bezeugt, und – wenngleich auf einem andersartigen Gebiet – auch nachgeahmt; er dürfte, aufmerksam gelesen, wenigstens nach meinem Urteil, ganz allein für die Ausbildung alles dessen, was wir hier lehren wollen, genügen. So echt sind alle seine Lebensdarstellungen, so groß seine Erfindungsgabe und Ausdrucksfähigkeit, so sehr versteht er, sich allen Lagen, Charakteren und Gefühlen anzupassen. (70) In der Tat sind

viderunt, qui orationes, quae Charisi nomine eduntur, a Menandro scriptas putant. sed mihi longe magis orator probari in opere suo videtur, nisi forte aut illa [mala] iudicia, quae Epitrepontes, Epicleros, Locroe habent, aut meditationes in Psophodee, Nomothete, Hypobolimaeo non omnibus oratoriis numeris sunt absolutae. (71) ego tamen plus adhuc quiddam conlaturum eum declamatoribus puto, quoniam his necesse est secundum condicionem controversiarum plures subire personas, patrum filiorum, ⟨caelibum⟩ maritorum, militum rusticorum, divitum pauperum, irascentium deprecantium, mitium asperorum. in quibus omnibus mire custoditur ab hoc poeta decor. (72) atque ille quidem omnibus eiusdem operis auctoribus abstulit nomen et fulgore quodam suae claritatis tenebras obduxit. habent tamen alii quoque comici, si cum venia legantur, quaedam quae possis decerpere, et praecipue Philemon, qui ut prave sui temporis iudiciis Menandro saepe praelatus est, ita consensu tamen omnium meruit credi secundus.

(73) Historiam multi scripsere praeclare, sed nemo dubitat longe duos ceteris praeferendos, quorum diversa virtus laudem paene est parem consecuta. densus et brevis et semper instans sibi Thucydides, dulcis et candidus et fusus Herodotus: ille concitatis, hic remissis adfectibus melior, ille contionibus, hic sermonibus, ille vi, hic voluptate. (74) Theopompus his proximus ut in historia praedictis minor, ita oratori magis similis, ut qui, antequam est ad hoc opus sollicitatus, diu fuerit orator. Philistus quoque meretur qui tur-

jene nicht blind, die die Reden, welche unter dem Namen des Charisios bekannt sind, dem Menander zuschreiben. Doch viel mehr noch scheint er sich mir auf seinem eigenen Gebiet als Redner auszuzeichnen, es müßte denn sein, daß die Gerichtsreden in den Werken »Epitrepontes«, »Epikleros« und »Lokroi«, oder die Vorträge[53] in »Psophodees«, »Nomothetes« und »Hypobolimaios«[54] nicht allen Regeln der Rhetorik vollkommen entsprechen. (71) Dennoch glaube ich, daß er wohl noch mehr den Redekünstlern (Deklamatoren) förderlich sein wird, insofern als diese je nach Art der fingierten Gerichtsreden[55] eine größere Anzahl von Rollen übernehmen müssen, so zum Beispiel die der Väter und Söhne, der Ledigen und Verheirateten, der Soldaten und Bauern, der Reichen und Armen, der Zürnenden und um Gnade Bittenden, der Sanften und Schroffen. Und bei allen wird von diesem Dichter die Angemessenheit der Haltung in erstaunlicher Weise gewahrt. (72) So hat er denn alle Vertreter dieser Dichtungsgattung namenlos gemacht und sie gewissermaßen durch den Glanz seines Ruhmes in den Schatten gestellt. Dennoch haben auch andere Komödiendichter, wenn sie mit Nachsicht gelesen werden, einiges, was man gebrauchen kann, vor allem Philemon, der zwar im Urteil seiner Zeitgenossen Menander oft fälschlich vorgezogen wurde, es aber immerhin verdient hat, von allen einstimmig als der Zweitbeste anerkannt zu werden.

(73) Geschichte haben viele vortrefflich geschrieben, doch niemand zweifelt, daß zwei Autoren bei weitem den übrigen vorzuziehen seien, deren völlig entgegengesetzte Stilqualitäten beinahe gleiches Lob geerntet haben. Gedrängt, knapp und sich selbst ständig vorwärtstreibend ist Thukydides, gefällig, klar und ausführlich Herodot; jenem liegen heftige, diesem sanfte Gemütsbewegungen; jenem die Staatsreden, diesem die Erzählungen; der eine beeindruckt, der andere ergötzt. (74) Theopompos steht ihnen am nächsten, ist zwar in der Geschichtsschreibung den eben Genannten unterlegen, einem Redner jedoch ähnlicher, da er ja, bevor er für diese Aufgabe gewonnen wurde, lange Zeit Redner gewesen war.

bae quamvis bonorum post eos auctorum eximatur, imitator Thucydidi et ut multo infirmior, ita aliquatenus lucidior. Ephorus, ut Isocrati visum, calcaribus eget. Clitarchi probatur ingenium, fides infamatur. (75) longo post intervallo temporis natus Timagenes vel hoc est ipso probabilis, quod intermissam historias scribendi industriam nova laude reparavit. Xenophon non excidit mihi, sed inter philosophos reddendus est.

(76) Sequitur oratorum ingens manus, ut cum decem simul Athenis aetas una tulerit. quorum longe princeps Demosthenes ac paene lex orandi fuit: tanta vis in eo, tam densa omnia, ita quibusdam nervis intenta sunt, tam nihil otiosum, is dicendi modus, ut nec quod desit in eo nec quod redundet invenias. (77) plenior Aeschines et magis fusus et grandiori similis, quo minus strictus est, carnis tamen plus habet, minus lacertorum. dulcis in primis et acutus Hyperides, sed minoribus causis, ut non dixerim vilioribus, magis par. (78) his aetate Lysias maior, subtilis atque elegans et quo nihil, si oratori satis sit docere, quaeras perfectius: nihil enim est inane, nihil arcessitum, puro tamen fonti quam magno flumini propior. (79) Isocrates in diverso genere dicendi nitidus et comptus et palaestrae quam pugnae magis accommodatus omnis dicendi veneres sectatus est, nec inmerito: auditoriis enim se, non iudiciis compararat: in inventione facilis, honesti studiosus, in compositione adeo diligens, ut cura eius reprehendatur. (80) neque ego in his, de quibus sum

Auch Philistos verdient, aus der Schar der ihnen nachfolgenden, wenn auch noch so tüchtigen Autoren hervorgehoben zu werden; er ist ein Nachahmer des Thukydides, und wenn auch viel schwächer, so doch einigermaßen klarer. Ephoros bedarf, so schien es Isokrates, der Sporen[56]. Des Kleitarchos Talent wird anerkannt, seine Glaubwürdigkeit in Frage gestellt. (75) Der aus einer viel späteren Zeit stammende Timagenes verdient schon deshalb Beifall, weil er die lange unterbrochene Tätigkeit auf dem Gebiet der Geschichtsschreibung durch neuen Ruhm wieder belebt hat. Xenophon entging mir nicht, sondern ist unter die Philosophen einzureihen.

(76) Es folgt eine unübersehbare Schar von Rednern, da allein in Athen eine einzige Generation zur selben Zeit zehn[57] davon hervorgebracht hat. Der Erste unter ihnen und fast schon eine Norm der Redekunst war Demosthenes: Eine solche Gewalt wohnt ihm inne, so gedrängt und gewissermaßen wie ein Bogen gespannt ist alles, so gar nichts erscheint überflüssig, sein Stil ist derart maßvoll, daß man bei ihm weder ein Zuwenig noch ein Zuviel finden kann. (77) Volltönender ist Aischines, ausführlicher, und mutet feierlicher an, je weniger straff er ist; dennoch hat er mehr Fleisch und weniger Muskeln. Anmutig vor allem und treffend ist Hypereides, taugt jedoch eher für unbedeutendere, um nicht zu sagen billigere Fälle. (78) Älter als die Genannten ist Lysias, feinsinnig, geschmackvoll, und falls es für einen Redner genügen sollte, lehrhaft zu sein, so könnte man sich wohl nichts Vollkommeneres wünschen als ihn. Denn bei ihm gibt es nichts Belangloses, nichts Gesuchtes; gleichwohl ist er einer klaren Quelle ähnlicher als einem Strom. (79) Isokrates, in seiner andersartigen Stilgattung glänzend und geschliffen, mehr für den Ringplatz als für den Kampf[58] geeignet, machte sich alle Reize der Redekunst zunutze; und dies mit vollem Recht: denn für die Hörsäle, nicht für die Gerichtshöfe hatte er sich ausgebildet: In der Stoffsammlung gewandt, um das sittlich Gute[59] bemüht, im Satzbau dermaßen sorgfältig, daß seine Gründlichkeit getadelt wird. (80) Ich bin allerdings weder der Meinung, daß

locutus, has solas virtutes, sed has praecipuas puto, nec ceteros parum fuisse magnos. quin etiam Phalerea illum Demetrium, quamquam is primus inclinasse eloquentiam dicitur, multum ingenii habuisse et facundiae fateor, vel ob hoc memoria dignum, quod ultimus est fere ex Atticis, qui dici possit orator, quem tamen in illo mediocri genere dicendi praefert omnibus Cicero.

(81) Philosophorum, ex quibus plurimum se traxisse eloquentiae M. Tullius confitetur, quis dubitet Platonem esse praecipuum sive acumine disserendi sive eloquendi facultate divina quadam et Homerica? multum enim supra prorsam orationem et quam pedestrem Graeci vocant surgit, ut mihi non hominis ingenio, sed quodam Delphico videatur oraculo dei instinctus. (82) quid ego commemorem Xenophontis illam iocunditatem inadfectatam, sed quam nulla consequi adfectatio possit? ut ipsae sermonem finxisse Gratiae videantur et, quod de Pericle veteris comoediae testimonium est, in hunc transferri iustissime possit, in labris eius sedisse quandam persuadendi deam. (83) quid reliquorum Socraticorum elegantiam? quid Aristotelen? quem dubito scientia rerum an scriptorum copia an eloquendi [usu] suavitate an inventionum acumine an varietate operum clariorem putem. nam in Theophrasto tam est loquendi nitor ille divinus, ut ex eo nomen quoque traxisse dicatur. (84) minus indulsere eloquentiae Stoici veteres, sed cum honesta suaserunt, tum in conligendo probandoque quae instituerant plurimum va-

dies die einzigen Vorzüge der von mir Erwähnten sind, sondern nur die wichtigsten, noch daß die übrigen Redner nicht bedeutend genug waren. Ja ich gebe sogar zu, daß auch Demetrios von Phaleron, mit dem, wie es heißt, der Verfall der Redekunst einsetzt[60], ein großes Maß an Begabung und natürlicher Redegewandtheit besessen habe; er verdient schon deshalb Erwähnung, weil er so ungefähr der letzte von den attischen Rednern ist, der diese Bezeichnung verdient: Cicero gibt ihm sogar vor allen anderen Vertretern des mittleren Stils den Vorzug[61].

(81) Unter den Philosophen, denen Cicero nach seinem eigenen Geständnis in der Redekunst besonders viel verdankt[62], nimmt – wer könnte dies bezweifeln – Platon den vornehmsten Platz ein, sei es wegen des Scharfsinns seiner philosophischen Erörterungen, sei es wegen seiner geradezu göttlichen und homerischen Ausdrucksfähigkeit. Denn hoch über die prosaische Sprache, welche die Griechen als die schwunglose (eigentlich: zu Fuß gehende, erdgebundene) bezeichnen, erhebt er sich, so daß er mir nicht vom menschlichen Geist erfüllt, sondern gewissermaßen vom göttlichen Orakel zu Delphi begeistert zu sein scheint. (82) Wozu soll ich über jene ungezierte Anmut Xenophons sprechen, die jedoch keine Künstelei erreichen kann, so daß die Grazien selbst seinen Stil geformt zu haben scheinen und daß man das Zeugnis der alten Komödie über Perikles mit vollem Recht auf ihn übertragen könnte, seine Lippen seien geradezu der Sitz der Göttin der Überredung gewesen[63]. (83) Wozu soll ich den eleganten Stil der übrigen Sokratiker erwähnen? Wozu Aristoteles? Denn ich bin im Zweifel, ob ich ihn mehr wegen seines Wissens, der Zahl seiner Werke, seiner reizvollen Sprache, seiner scharfsinnigen Einfälle oder der Mannigfaltigkeit seiner Themen hervorheben möchte. Ja, und die Sprache des Theophrast strahlt einen so göttlichen Glanz aus, daß er davon seinen Namen erhalten haben soll. (84) Weniger Rücksicht auf die Redekunst nahmen die alten Stoiker[64], doch sie traten für das sittlich Gute ein und leisteten durch ihre Methode der logischen Schlußfolgerung und

luerunt, rebus tamen acuti magis quam, id quod sane non adfectaverunt, oratione magnifici.

(85) Idem nobis per Romanos quoque auctores ordo ducendus est. itaque ut apud illos Homerus, sic apud nos Vergilius auspicatissimum dederit exordium, omnium eius generis poetarum Graecorum nostrorumque haud dubie ⟨ei⟩ proximus. (86) utar enim verbis isdem, quae ex Afro Domitio iuvenis excepi, qui mihi interroganti, quem Homero crederet maxime accedere: secundus, inquit, est Vergilius, propior tamen primo quam tertio. et hercule ut illi naturae caelesti atque inmortali cesserimus, ita curae et diligentiae vel ideo in hoc plus est, quod ei fuit magis laborandum, et quantum eminentibus vincimur, fortasse aequalitate pensamus. ceteri omnes longe sequentur. (87) nam Macer et Lucretius legendi quidem, sed non ut phrasin, id est corpus eloquentiae faciant, elegantes in sua quisque materia, sed alter humilis, alter difficilis. Atacinus Varro in his, per quae nomen est adsecutus, interpres operis alieni, non spernendus quidem, verum ad augendam facultatem dicendi parum locuples. (88) Ennium sicut sacros vetustate lucos adoremus, in quibus grandia et antiqua robora iam non tantam habent speciem quantam religionem. propiores alii atque ad hoc, de quo loquimur, magis utiles. lascivos quidem in herois quoque Ovidius et nimium amator ingenii sui, laudandus tamen partibus. (89) Cornelius autem Severus, etiam ⟨si⟩ sit versificator quam poeta melior, si tamen ut est dictum ad exemplar primi libri bellum Siculum perscripsisset, vindicaret sibi iure secundum

Beweisführung ganz Hervorragendes; dennoch sind sie scharfsinniger in der Sache als – was sie gewiß nicht angestrebt haben – in der Rede großartig.

(85) In derselben Reihenfolge müssen wir nun auch die römischen Autoren behandeln. Und wie bei jenen Homer, so dürfte wohl bei uns Vergil den günstigsten Anfang abgeben, der von allen griechischen und unseren Dichtern dieser Gattung jenem zweifellos am nächsten steht. (86) Ich will dieselben Worte gebrauchen, die ich als junger Mensch von Domitius Afer gehört habe: auf meine Frage, wer seiner Meinung nach am ehesten an Homer heranreiche, antwortete er: »Der zweite ist Vergil, allerdings näher dem ersten als einem dritten.« Und beim Hercules, so wie wir jenem himmlischen und unsterblichen Naturtalent wohl den Vorrang einzuräumen haben, so ist bei diesem schon deshalb mehr Sorgfalt und Gewissenhaftigkeit zu finden, weil er sich mehr anstrengen mußte[65]; und vielleicht gleichen wir[66] das, was uns an Höhepunkten unerreichbar ist, durch Gleichmäßigkeit (des künstlerischen Niveaus) aus. Die übrigen werden weit hinter ihm zurückbleiben. (87) Macer nämlich und Lucretius sind zwar lesenswert, nicht jedoch um den Ausdruck, das heißt das Wesentliche an der Redekunst, zu bilden, sie sind aber, jeder auf seinem Gebiet, feinsinnig, allerdings der eine schlicht, der andere schwierig. Atacinus Varro, der seinen Ruf mit der Übersetzung eines fremden Werkes erlangte, ist zwar darin nicht zu unterschätzen, aber nicht reichhaltig genug, um die Redegewandtheit zu fördern. (88) Ennius wollen wir verehren wie Haine, denen ihr hohes Alter Weihe verliehen hat, wo mächtige uralte Eichen weniger einen schönen Anblick bieten, als vielmehr eine heilige Scheu einflößen. Andere sind unserer Zeit näher und dem, wovon (= der Kunst, von der) wir sprechen, zuträglicher. Geziert[67] freilich ist Ovid auch in seinen epischen Gedichten und allzusehr in sein eigenes Talent verliebt, dennoch verdient er für manche Teile seines Werkes Lob. (89) Cornelius Severus, obgleich ein besserer Versemacher als Dichter, würde, wenn er doch, wie man sagte, den Sikulerkrieg nach dem Muster

locum. Serranum consummari mors immatura non passa est, puerilia tamen eius opera et maximam indolem ostendunt et admirabilem praecipue in aetate illa recti generis voluntatem. (90) multum in Valerio Flacco nuper amisimus. vehemens et poeticum ingenium Salei Bassi fuit, nec ipsum senectute maturuit. Rabirius ac Pedo non indigni cognitione, si vacet. Lucanus ardens et concitatus et sententiis clarissimus et, ut dicam quod sentio, magis oratoribus quam poetis imitandus. (91) hos nominamus, quia Germanicum Augustum ab institutis studiis deflexit cura terrarum, parumque dis visum est esse eum maximum poetarum. quid tamen his ipsis eius operibus, in quae donato imperio iuvenis secesserat, sublimius, doctius, omnibus denique numeris praestantius? quis enim caneret bella melius quam qui sic gerit? quem praesidentes studiis deae propius audirent? cui magis suas artes aperiret familiare numen Minerva? (92) dicent haec plenius futura saecula, nunc enim ceterarum fulgore virtutum laus ista praestringitur. nos tamen sacra litterarum colentis feres, Caesar, si non tacitum hoc praeterimus et Vergiliano certe versu testamur:

inter victrices hederam tibi serpere laurus.

(93) Elegia quoque Graecos provocamus, cuius mihi tersus atque elegans maxime videtur auctor Tibullus. sunt qui Pro-

des ersten Buches vom Anfang bis zum Ende geschrieben hätte, mit Recht den zweiten Platz[68] beanspruchen. Dem Serranus gestattete sein allzufrüher Tod nicht, zur Vollendung zu gelangen, seine Jugendwerke zeigen allerdings eine hohe Begabung und vor allem ein für jenes (= sein) Alter erstaunliches Bemühen um den richtigen Stil. (90) Viel haben wir kürzlich mit Valerius Flaccus verloren. Leidenschaftlich und poetisch war das Talent des Saleius Bassus, aber auch dieses konnte nicht im Alter zur Reife gelangen. Rabirius und Pedo sind einer näheren Bekanntschaft nicht unwürdig, wenn es die Zeit erlaubt. Lucanus ist feurig, bewegt, hochberühmt durch seine Sentenzen und, um zu sagen, was ich denke, eher ein Vorbild für Redner als für Dichter. (91) Wir erwähnen (nur) diese, da Germanicus Augustus die Sorge um seine Länder von der begonnenen literarischen Tätigkeit abgelenkt hat und es den Göttern schien, es sei für ihn zu wenig, der größte Dichter zu sein. Und doch, was könnte es Erhabeneres, Gelehrteres und in jeder Hinsicht Vorzüglicheres geben als gerade jene Werke, die er in Zurückgezogenheit als junger Mann nach Abtretung[69] der Regierungsgeschäfte verfaßt hat? Denn wer könnte wohl besser Kriege besingen als einer, der sie so (erfolgreich) führt? Wem sollten die göttlichen Beschützerinnen der Dichtkunst wohlwollender Gehör schenken? Wem mag wohl Minerva, eine ihm nahestehende Gottheit[70], eher ihre Künste geoffenbart haben? (92) Volltönender werden dies zukünftige Generationen verkünden; jetzt freilich wird sein (dichterischer) Ruhm durch den Glanz anderer Leistungen in den Schatten gestellt. Uns aber, die wir die heiligen Schätze des Schrifttums hochhalten, wirst du, Caesar, nachsehen, wenn wir dies nicht stillschweigend übergehen und wenigstens mit einem Vergil-Vers[71] bezeugen:

»Efeu ranke sich dir im Siegeszeichen des Lorbeers«.

(93) Auch in der Elegie, deren feinsinnigster und elegantester Vertreter mir Tibullus zu sein scheint, fordern wir die Griechen zum Wettkampf heraus. Es gibt aber welche, die

pertium malint. Ovidius utroque lascivior, sicut durior Gallus. satura quidem tota nostra est, in qua primus insignem laudem adeptus Lucilius quosdam ita deditos sibi adhuc habet amatores, ut eum non eiusdem modo operis auctoribus, sed omnibus poetis praeferre non dubitent. (94) ego quantum ab illis, tantum ab Horatio dissentio, qui Lucilium ›fluere lutulentum‹ et ›esse aliquid, quod tollere possis‹, putat. nam eruditio in eo mira et libertas atque inde acerbitas et abunde salis. multum [et] est tersior ac purus magis Horatius et, nisi labor eius amore, praecipuus. multum et verae gloriae quamvis uno libro Persius meruit. sunt clari hodieque et qui olim nominabuntur. (95) alterum illud etiam prius saturae genus, sed non sola carminum varietate mixtum condidit Terentius Varro, vir Romanorum eruditissimus. plurimos hic libros et doctissimos conposuit, peritissimus linguae Latinae et omnis antiquitatis et rerum Graecarum nostrarumque, plus tamen scientiae collaturus quam eloquentiae. (96) iambus non sane a Romanis celebratus est ut proprium opus, ⟨sed⟩ aliis quibusdam interpositus: cuius acerbitas in Catullo, Bibaculo, Horatio, quamquam illi epodos intervenit, reperiatur. at lyricorum idem Horatius fere solus legi dignus: nam et insurgit aliquando et plenus est iucunditatis et gratiae et varius figuris et verbis felicissime audax. si quem adicere velis, is erit Caesius Bassus, quem nuper vidimus, sed eum longe praecedunt ingenia viventium.

Propertius vorziehen. Ovid ist ungezügelter als die beiden, Gallus herber. Die Satire[72] aber gehört ganz uns; darin zeichnete sich als erster Lucilius aus, dem noch jetzt einige Bewunderer so sehr ergeben sind, daß sie nicht zögern, ihn nicht bloß den Vertretern dieser Dichtungsgattung, sondern allen Dichtern vorzuziehen. (94) Ich aber stimme diesen ebensowenig bei wie Horaz, der meint, »des Lucilius Fluß sei voller Schlamm«, und »es gebe einiges, was man beseitigen könnte«. Denn er besitzt eine erstaunliche Bildung und Freizügigkeit, woraus sich auch sein beißender Spott und überschäumender Witz ergibt. Viel feiner und (im Ausdruck) geläuterter ist Horaz und, wenn mich meine Vorliebe für ihn nicht in die Irre führt, ganz hervorragend. Viel, und zwar echten Ruhm verdiente sich auch Persius, obgleich nur mit einem einzigen Buch. Es gibt auch heutzutage ansehnliche Vertreter dieser Dichtungsgattung, die man dereinst noch nennen wird[73]. (95) Eine andere, noch frühere Form der Satire[74], die nicht bloß auf einer Mischung verschiedener Versarten beruht, verfaßte Terentius Varro, der gebildetste Mann unter den Römern. Er schrieb zahlreiche gelehrte Bücher, war ein ausgezeichneter Kenner der lateinischen Sprache, des ganzen Altertums sowie der griechischen und unserer eigenen Geschichte, wird jedoch mehr der Wissenschaft als der Beredsamkeit dienen. (96) Der Jambus wurde von den Römern als eigene Gattung nicht sonderlich gepflegt, wohl aber zwischen manche andere Versmaße eingeschoben[75]; sein beißender Spott ist bei Catull, Bibaculus und Horaz zu finden, wiewohl auf jenen immer ein kürzerer Vers folgt[76]. Dagegen verdient unter den Lyrikern fast ausschließlich ebenfalls Horaz gelesen zu werden[77]: Denn er nimmt bisweilen einen höheren Schwung, ist voller Heiterkeit und Anmut, mannigfach in den dichterischen Figuren und zeigt bei seiner kühnen Wortwahl ein außergewöhnliches Geschick. Wenn man ihm jemanden beigesellen möchte, so wird dies Caesius Bassus sein, den wir kürzlich noch gesehen haben; doch ihn überragen die Talente unserer zeitgenössischen Dichter bei weitem[78].

(97) Tragoediae scriptores veterum Attius atque Pacuvius clarissimi gravitate sententiarum, verborum pondere, auctoritate personarum. ceterum nitor et summa in excolendis operibus manus magis videri potest temporibus quam ipsis defuisse: virium tamen Attio plus tribuitur, Pacuvium videri doctiorem qui esse docti adfectant volunt. (98) iam Vari Thyestes cuilibet Graecarum comparari potest. Ovidi Medea videtur mihi ostendere, quantum ille vir praestare potuerit, si ingenio suo imperare quam indulgere maluisset. eorum, quos viderim, longe princeps Pomponius Secundus, quem senes [quem] parum tragicum putabant, eruditione ac nitore praestare confitebantur. (99) in comoedia maxime claudicamus. licet Varro ›Musas‹, Aeli Stilonis sententia, ›Plautino‹ dicat ›sermone locuturas fuisse, si Latine loqui vellent‹, licet Caecilium veteres laudibus ferant, licet Terenti scripta ad Scipionem Africanum referantur (quae tamen sunt in hoc genere elegantissima et plus adhuc habitura gratiae, si intra versus trimetros stetissent): (100) vix levem consequimur umbram, adeo ut mihi sermo ipse Romanus non recipere videatur illam solis concessam Atticis venerem, quom eam ne Graeci quidem in alio genere linguae suae obtinuerint. togatis excellit Afranius: utinam non inquinasset argumenta puerorum foedis amoribus mores suos fassus.
(101) At non historia cesserit Graecis. nec opponere Thucydidi Sallustium verear, nec indignetur sibi Herodotus aequari Titum Livium, cum in narrando mirae iocunditatis

(97) Unter den alten Vertretern der Tragödie zeichnen sich die Dichter Attius und Pacuvius durch ernste Sentenzen, gewichtige Worte und würdevolle Charaktere aus. Im übrigen aber kann angenommen werden, daß die Glätte des Ausdrucks und die letzte Hand beim Ausfeilen der Werke mehr jener Zeit als ihnen selbst fehlte; immerhin wird Attius mehr poetische Kraft zugeschrieben, während jenen, die gebildet sein möchten, Pacuvius als der gelehrtere erscheinen will. (98) Des Varius »Thyestes« aber kann jeder beliebigen griechischen Tragödie an die Seite gestellt werden. Ovids »Medea«[79] scheint mir zu verraten, wie viel jener Mann hätte leisten können, wenn er es vorgezogen hätte, sein Talent zu zügeln, statt ihm nachzugeben. Von jenen, die ich persönlich gesehen habe, verdient bei weitem den Vorrang Pomponius Secundus, den die Älteren für nicht tragisch genug hielten; sie gaben jedoch zu, daß er sich durch Bildung und Eleganz auszeichne. (99) In der Komödie hinken wir am meisten[80]. Wenn auch Varro im Sinn des Aelius Stilo sagt, die Musen würden, wollten sie lateinisch sprechen, sich des Plautinischen Ausdrucks bedienen, mögen auch die Alten Caecilius lobend erwähnen und mögen des Terentius Werke auf Scipio Africanus zurückgeführt werden[81] – sie sind allerdings in ihrer Art die elegantesten und könnten noch gefälliger sein, wenn sie sich auf den jambischen Trimeter beschränkt hätten –: (100) wir erreichen dennoch kaum einen matten Abglanz (der griechischen Komödie), so daß es mir scheint, als sei die römische Sprache jener Grazie, die man den Attikern allein zuerkennt, nicht fähig; konnten doch nicht einmal die Griechen in einem anderen ihrer Dialekte diese Anmut erreichen. Ein Meister des echt römischen Lustspiels ist Afranius: Hätte er doch nicht seine Stücke durch abscheuliche Beispiele der Knabenliebe besudelt, womit er seinen Charakter entlarvte!

(101) Die Geschichtsschreibung dagegen dürfte den Griechen wohl nicht nachstehen. Daher möchte ich weder Bedenken tragen, Sallust dem Thukydides entgegenzuhalten, noch sollte Herodot unwillig sein, daß ihm T. Livius als eben-

clarissimique candoris, tum in contionibus supra quam enarrari potest eloquentem: ita quae dicuntur omnia cum rebus, tum personis accommodata sunt: adfectus quidem praecipueque eos, qui sunt dulciores, ut parcissime dicam, nemo historicorum commodavit magis. (102) ideoque illam inmortalem Sallusti velocitatem diversis virtutibus consecutus est. nam mihi egregie dixisse videtur Servilius Nonianus, pares eos magis quam similes: qui et ipse a nobis auditus est, clari vir ingenii et sententiis creber, sed minus pressus quam historiae auctoritas postulat. (103) quam paulum aetate praecedens eum Bassus Aufidius egregie, utique in libris belli Germanici, praestitit genere ipso, probabilis in omnibus, sed in quibusdam suis ipse viribus minor. (104) superest adhuc et exornat aetatis nostrae gloriam vir saeculorum memoria dignus, qui olim nominabitur, nunc intellegitur. habet amatores nec inmerito Cremuti libertas, quamquam circumcisis quae dixisse ei nocuerat: sed elatum abunde spiritum et audaces sententias deprehendas etiam in his, quae manent. sunt et alii scriptores boni, sed nos genera degustamus, non bibliothecas excutimus.

(105) Oratores vero vel praecipue Latinam eloquentiam parem facere Graecae possunt: nam Ciceronem cuicumque eorum fortiter opposuerim. nec ignoro, quantam mihi concitem pugnam, cum praesertim non id sit propositi, ut eum Demostheni comparem hoc tempore: neque enim attinet,

bürtig zur Seite gestellt wird; seine Erzählung ist von erstaunlichem Reiz und durchsichtigster Klarheit, in den Reden aber zeigt er eine unbeschreibliche Wortgewandtheit: so sehr ist alles, was gesprochen wird, der Situation und vor allem den Personen angemessen; Gemütsbewegungen jedoch, und zwar besonders die sanfteren, hat, um es sehr zurückhaltend zu sagen, kein Historiker richtiger getroffen. (102) Und so hat er jene unvergleichliche Kürze des Sallust durch entgegengesetzte Vorzüge wettgemacht[82]. Denn ganz vortrefflich scheint mir der Ausspruch des Servilius Nonianus, die beiden seien einander eher gleichwertig als ähnlich; auch ihn (Servilius Nonianus) habe ich gehört; er war ein Mann von glänzendem Talent, der immer eine treffende Bemerkung wußte, doch nicht so zurückhaltend, wie es der Ernst der Geschichtsschreibung erfordert. (103) Der etwas ältere Bassus Aufidius hat diesen Ernst, jedenfalls in den Büchern über den Germanenkrieg, gerade im Stil meisterhaft gewahrt; er verdient in jeder Hinsicht Anerkennung, doch bleibt er gelegentlich hinter seinen Fähigkeiten zurück. (104) Noch lebt und mehrt den Ruhm unserer Zeit ein Mann, würdig, daß Generationen seiner gedenken, welcher dereinst in aller Munde sein wird, heute ist er nicht unbekannt[83]. Ihre Bewunderer, und das nicht ohne Grund, hat die Ungebundenheit des Cremutius auch nach Beseitigung jener Äußerungen, die ihm geschadet hatten; doch überschwengliches Pathos und kühne Gedankengänge kann man wohl auch in den erhaltenen Partien entdecken[84]. Es gibt auch andere gute Schriftsteller, allein wir prüfen nur die Stilarten und wollen nicht Bibliotheken durchstöbern.

(105) Die Redner jedoch vermögen erst recht die lateinische Sprachgewandtheit der griechischen gleichzusetzen. Denn Cicero würde ich ohne Bedenken jedem beliebigen von ihnen gegenüberstellen. Ich weiß auch recht gut, welchen Widerspruch ich damit gegen mich herausfordere[85], und dies obwohl[86] ich keineswegs beabsichtige, ihn in diesem Augenblick mit Demosthenes zu vergleichen[87]: es kommt auch gar nicht darauf an, da ich doch der Meinung bin, man müsse

cum Demosthenen in primis legendum vel ediscendum potius putem. (106) quorum ego virtutes plerasque arbitror similes, consilium, ordinem, dividendi, praeparandi, probandi rationem, omnia denique quae sunt inventionis. in eloquendo est aliqua diversitas: densior ille, hic copiosior, ille concludit adstrictius, hic latius, pugnat ille acumine semper, hic frequenter et pondere, illic nihil detrahi potest, hic nihil adici, curae plus in illo, in hoc naturae. (107) salibus certe et commiseratione, quae duo plurimum in adfectibus valent, vincimus. et fortasse epilogos illi mos civitatis abstulerit, sed et nobis illa, quae Attici mirantur, diversa Latini sermonis ratio minus permiserit. in epistulis quidem, quamquam sunt utriusque, dialogisve, quibus nihil ille, nulla contentio est. (108) cedendum vero in hoc, quod et prior fuit et ex magna parte Ciceronem, quantus est, fecit. nam mihi videtur M. Tullius, cum se totum ad imitationem Graecorum contulisset, effinxisse vim Demosthenis, copiam Platonis, iucunditatem Isocratis. (109) nec vero quod in quoque optimum fuit, studio consecutus est tantum, sed plurimas vel potius omnis ex se ipsa virtutes extulit inmortalis ingenii beatissima ubertas. non enim ›pluvias‹, ut ait Pindarus, ›aquas colligit, sed vivo gurgite exundat‹, dono quodam providentiae genitus, in quo totas vires suas eloquentia experiretur. (110) nam quis docere diligentius, movere vehementius potest? cui tanta

Demosthenes in erster Linie lesen, mehr noch, auswendig lernen. (106) Ihre Vorzüge scheinen mir in der Mehrzahl ähnlich, so zum Beispiel der Entwurf, die Anordnung, die Methode der Einteilung, der Vorbereitung und Beweisführung sowie alles, was Sache der Erfindungsgabe ist. Im Stil ist ein gewisser Unterschied feststellbar: jener (Demosthenes) ist gedrängter, dieser (Cicero) ausführlicher; die Satzschlüsse des ersteren sind straffer, die des letzteren breiter ausgeführt; jener kämpft immer mit der Schärfe seines Geistes, dieser oft auch mit gewichtigen Worten; dort könnte man nichts wegnehmen, hier nichts hinzufügen; jener zeigt mehr Sorgfalt[88], dieser mehr natürliche Begabung. (107) Wo es um Witz und rührende Worte geht – zwei Dinge, denen bei Gefühlsregungen die größte Bedeutung zukommt –, sind wir[89] zweifellos überlegen. Die Möglichkeit zu einem Schlußwort dürfte jenem vielleicht eine staatliche Verordnung genommen haben[90], uns dagegen verbietet wohl die Andersartigkeit der lateinischen Sprache jene stilistischen Eigenschaften, die die Attiker bewundern[91]. In den Briefen jedoch, die wir zwar von beiden besitzen, beziehungsweise in den Dialogen, womit jener überhaupt nicht hervorgetreten ist, kann es zwischen den beiden keinen Wettstreit geben. (108) Insofern allerdings gebührt ihm der Vorrang, als er zeitlich früher war und größtenteils Cicero zu dem gemacht hat, was er ist. Denn mir scheint M. Tullius, nachdem er sich ganz der Nachahmung der Griechen gewidmet hatte, die Gewalt des Demosthenes, den Gedankenreichtum Platons und den Reiz des Isokrates wiedergegeben zu haben. (109) Aber nicht nur, was bei jedem das Beste war, erreichte er durch sein eifriges Bemühen, sondern die meisten oder vielmehr alle Vorzüge brachte die unerschöpfliche Fruchtbarkeit des unsterblichen Genies aus sich selbst hervor. Denn kein »Regenwasser sammelt er«, wie Pindar sagt[92], »sondern bricht in lebendigem Fluß aus der Tiefe«; als ein Geschenk hat ihn die Vorsehung ins Leben gerufen, damit in ihm die Beredsamkeit alle ihre Kräfte auf die Probe stelle. (110) Denn wer könnte gründlicher belehren, wer die Gemüter heftiger

umquam iucunditas adfuit? ut ipsa illa, quae extorquet, impetrare eum credas, et cum transversum vi sua iudicem ferat, tamen ille non rapi videatur, sed sequi. (111) iam in omnibus, quae dicit, tanta auctoritas inest, ut dissentire pudeat, nec advocati studium, sed testis aut iudicis adferat fidem, cum interim haec omnia, quae vix singula quisquam intentissima cura consequi posset, fluunt inlaborata et illa, qua nihil pulchrius auditum est, oratio prae se fert tamen felicissimam facilitatem. (112) quare non inmerito ab hominibus aetatis suae regnare in iudiciis dictus est, apud posteros vero id consecutus, ut Cicero iam non hominis nomen, sed eloquentiae habeatur. hunc igitur spectemus, hoc propositum nobis sit exemplum, ille se profecisse sciat, cui Cicero valde placebit. (113) multa in Asinio Pollione inventio, summa diligentia, adeo ut quibusdam etiam nimia videatur, et consilii et animi satis: a nitore et iucunditate Ciceronis ita longe abest, ut videri possit saeculo prior. at Messala nitidus et candidus et quodam modo praeferens in dicendo nobilitatem suam, viribus minor. (114) C. vero Caesar si foro tantum vacasset, non alius ex nostris contra Ciceronem nominaretur. tanta in eo vis est, id acumen, ea concitatio, ut illum eodem animo dixisse, quo bellavit, appareat: exornat tamen haec omnia mira sermonis, cuius proprie studiosus fuit, elegantia. (115) multum ingenii in Caelio et praecipue

erregen, wem war jemals eine solche Anmut der Rede gegeben?[93] Daß es den Anschein hat, als würde er selbst das, was er entwindet, mühelos erlangen; und wenn er den Richter gewaltsam von seinem Weg abbringt, so scheint jener dennoch nicht fortgerissen zu werden, sondern (freiwillig) zu folgen. (111) Ferner haben alle seine Worte ein solches Gewicht, daß man sich schämen müßte, anderer Meinung zu sein, und daß er nicht die Beflissenheit des Anwaltes, sondern die Glaubwürdigkeit eines Zeugen oder Richters an den Tag legt, wobei alle diese Vorzüge, von denen man bei sorgfältigster Übung kaum jeweils nur einen erreichen könnte, mühelos dahinströmen, und die Rede, wie sie schöner nie gehört wurde, die köstlichste Leichtigkeit zur Schau trägt. (112) Daher haben seine Zeitgenossen von ihm nicht ohne Grund gesagt, er beherrsche die Gerichtsverhandlungen wie ein König, bei der Nachwelt aber hat er dies erlangt, daß Cicero nicht mehr als der Name eines Menschen, sondern als das Symbol der Redekunst gilt. Auf ihn laßt uns daher blicken, er soll als Vorbild vor uns stehen, und jener wisse, daß er Fortschritte gemacht hat, der an Cicero großes Gefallen findet. (113) Asinius Pollio besitzt eine reiche Erfindungsgabe und versteht es, sich äußerst – oder wie manche glauben, geradezu übertrieben – gewählt auszudrücken; auch an Überlegung und Esprit fehlt es ihm nicht; von Ciceros Glanz und Anmut aber ist er so weit entfernt, daß es scheinen könnte, er sei um eine Generation älter. Messala dagegen ist elegant und ungekünstelt und stellt in der Rede gewissermaßen seinen Adel zur Schau, besitzt jedoch weniger Durchschlagskraft. (114) Hätte sich nun erst C. Caesar ausschließlich dem Forum gewidmet, so würde man von unseren Rednern keinen anderen Cicero gegenüberstellen. So gewaltig ist seine Wirkung, solcherart sein Scharfsinn und sein Feuereifer, daß es ganz offensichtlich ist, er habe mit derselben Begeisterung Reden gehalten, mit der er auch Kriege geführt hat; dennoch wird all dies mit einer wunderbaren Eleganz der Sprache verklärt, um die er sich eigens bemüht hat[94]. (115) Sehr talentiert ist Caelius und besonders

in accusando multa urbanitas, dignusque vir, cui et mens melior et vita longior contigisset. inveni qui Calvum praeferrent omnibus, inveni qui Ciceroni crederent, eum nimia contra se calumnia verum sanguinem perdidisse, sed est et sancta et gravis oratio et castigata et frequenter vehemens quoque. imitator autem est Atticorum, fecitque illi properata mors iniuriam, si quid adiecturus sibi, non si quid detracturus fuit. (116) et Servius Sulpicius insignem non immerito famam tribus orationibus meruit. multa, si cum iudicio legatur, dabit imitatione digna Cassius Severus, qui si ceteris virtutibus colorem et gravitatem orationis adiecisset, ponendus inter praecipuos foret. (117) nam et ingenii plurimum est in eo et acerbitas mira et urbanitas et sermo, sed plus stomacho quam consilio dedit. praeterea ut amari sales, ita frequenter amaritudo ipsa ridicula est. (118) sunt alii multi diserti, quos persequi longum est. eorum quos viderim Domitius Afer et Iulius Africanus longe praestantissimi. verborum arte ille et toto genere dicendi praeferendus et quem in numero veterum habere non timeas: hic concitatior, sed in cura verborum nimius et compositione nonnumquam longior et translationibus parum modicus. (119) erant clara et nuper ingenia. nam et Trachalus plerumque sublimis et satis apertus fuit et quem velle optima crederes, auditus tamen maior: nam et vocis, quantam in nullo cognovi, felicitas et pronuntiatio vel scaenis suffectura et decor, omnia denique ei, quae sunt extra, superfuerunt: et Vibius Crispus

in der Anklage geistvoll; der Mann wäre einer besseren Sinnesart und eines längeren Lebens wert gewesen. Ich fand einige, die Calvus allen vorzogen, ich fand auch solche, die wie Cicero glaubten[95], er habe wegen seiner allzustrengen Selbstkritik die echte Kraft eingebüßt, doch seine Rede ist feierlich, ernst und straff und nicht selten auch leidenschaftlich. Er war ein Nachahmer der attischen Redner, und sein allzufrüher Tod schadete ihm, wenn er seine Fähigkeiten entfalten, nicht aber, wenn er sie einengen wollte. (116) Servius Sulpicius erwarb sich nicht ohne Grund mit drei Reden seinen ausgezeichneten Ruf. Viel Nachahmenswertes wird – kritisch gelesen – Cassius Severus bieten, der unter die Wichtigsten zu zählen wäre, wenn er zu seinen übrigen Vorzügen auch noch den richtigen Ton und rhetorischen Nachdruck hinzugetan hätte. (117) Denn er besitzt sehr viel Talent, auffallende Schärfe und geistreichen Ausdruck; allerdings folgt er lieber seiner Leidenschaftlichkeit als der Überlegung. Und außerdem, wie bitter seine Witze auch sind, so ist doch die Bitterkeit selbst nicht selten lächerlich[96]. (118) Es gibt noch viele andere tüchtige Redner, die aufzuzählen zu weit führen würde. Von denen, die ich selbst gesehen habe, übertreffen Domitius Afer und Iulius Africanus bei weitem alle übrigen. Im Hinblick auf die Kunst der Wortwahl und seinen ganzen Stil verdient jener den Vorzug; man könnte ihn unbedenklich unter die alten Redner einreihen; dieser ist heftiger, doch ist sein Bemühen um einen gewählten Ausdruck übertrieben und der Periodenbau gelegentlich zu weitschweifig und im Gebrauch von Metaphern[97] nicht zurückhaltend genug. (119) Auch vor kurzem noch gab es bedeutende Talente. So war Trachalus in der Regel erhaben und ziemlich leicht verständlich, man hätte ihm wohl die besten Absichten zutrauen können. Wenn man ihm jedoch zuhörte, war seine Wirkung größer; denn er besaß eine volle Stimme, wie ich sie sonst bei niemandem wahrgenommen habe, eine Aussprache, die sogar den Anforderungen der Bühne entsprochen hätte, und ein gutes Aussehen; mit einem Wort, er war mit allen äußeren Vorzügen reich ausgestattet. Auch

compositus et iocundus et delectationi natus, privatis tamen causis quam publicis melior. (120) Iulio Secundo si longior contigisset aetas, clarissimum profecto nomen oratoris apud posteros foret: adiecisset enim atque adiciebat ceteris virtutibus suis quod desiderari potest, id est autem, ut esset multo magis pugnax et saepius ad curam rerum ab elocutione respiceret. (121) ceterum interceptus quoque magnum sibi vindicat locum: ea est facundia, tanta in explicando quod velit gratia, tam candidum et leve et speciosum dicendi genus, tanta verborum etiam quae adsumpta sunt proprietas, tanta in quibusdam ex periculo petitis significantia. (122) habebunt qui post nos de oratoribus scribent, magnam eos, qui nunc vigent, materiam vere laudandi: sunt enim summa hodie, quibus inlustratur forum, ingenia. namque et consummati iam patroni veteribus aemulantur et eos iuvenum ad optima tendentium imitatur ac sequitur industria.

(123) Supersunt qui de philosophia scripserunt, quo in genere paucissimos adhuc eloquentes litterae Romanae tulerunt. idem igitur M. Tullius, qui ubique, etiam in hoc opere Platonis aemulus extitit. egregius vero multoque quam in orationibus praestantior Brutus suffecit ponderi rerum: scias eum sentire quae dicit. (124) scripsit non parum multa Cornelius Celsus, Sextios secutus, non sine cultu ac nitore. Plautus in Stoicis rerum cognitioni utilis: in Epicureis levis quidem, sed non iniocundus tamen auctor est Catius. (125) ex industria Senecam in omni genere eloquentiae distuli propter vulgatam falso de me opinionem, qua damnare eum et

Vibius Crispus ist in seiner Rede ausgewogen, gefällig und zur Unterhaltung wie geschaffen, doch geeigneter für Zivil- als für Strafprozesse. (120) Iulius Secundus wäre, wenn er länger gelebt hätte, bei der Nachwelt als Redner zweifellos hoch berühmt: Zu seinen übrigen Qualitäten hätte er nämlich – wie er es bereits versuchte – auch noch das Fehlende hinzugefügt, und zwar hätte er viel kämpferischer sein und sich öfter mehr um den Inhalt als nur um den sprachlichen Ausdruck kümmern sollen. (121) Doch obwohl allzufrüh hinweggerafft, beansprucht er einen wichtigen Platz für sich: So groß ist seine Wortgewandtheit, so angenehm versteht er, jedes beliebige Thema auseinanderzusetzen, so durchsichtig, fließend und schön ist sein Stil, so treffend sind auch die übertragen gebrauchten Wörter, so bedeutungsvoll manche seiner gewagten Wendungen. (122) Verfasser von Abhandlungen über die Redner nach uns werden viel Veranlassung haben, die jetzt wirkenden mit Recht zu rühmen. Denn es gibt heute hervorragende Talente[98], die dem Forum Glanz verleihen. Wetteifern doch bereits vollkommen ausgebildete Anwälte mit den Alten, und ihnen folgt als ihren Vorbildern die fleißige Jugend in ihrem Streben nach den höchsten Zielen.

(123) Es bleiben noch übrig, die über Philosophie geschrieben haben; hier hat die römische Literatur nur ganz wenige redegewandte Vertreter aufzuweisen. So hat sich, wie überall, auch auf diesem Gebiet M. Tullius mit Platon gemessen. Hervorragend und viel besser als in seinen Reden war Brutus, der dem Gewicht seines Gegenstandes gewachsen war; man merkt es wohl, daß er denkt, was er sagt. (124) Eine beachtliche Anzahl von Werken, mit denen er in die Fußstapfen der Sextier trat, verfaßte Cornelius Celsus nicht ohne Feinheit und Schliff. Unter den Stoikern fördert Plautus die Sachkenntnis; unter den Epikureern ist Catius zwar ein oberflächlicher, aber dennoch kein unerfreulicher Autor. (125) Absichtlich habe ich Seneca in allen Sparten der Literatur[99] (bis jetzt) aufgeschoben wegen der grundlos über mich verbreiteten Meinung, wonach ich ihn angeblich ver-

invisum quoque habere sum creditus. quod accidit mihi, dum corruptum et omnibus vitiis fractum dicendi genus revocare ad severiora iudicia contendo: tum autem solus hic fere in manibus adulescentium fuit. (126) quem non equidem omnino conabar excutere, sed potioribus praeferri non sinebam, quos ille non destiterat incessere, cum diversi sibi conscius generis placere se in dicendo posse, in quibus illi placerent, diffideret. amabant autem eum magis quam imitabantur tantumque ab illo defluebant, quantum ille ab antiquis descenderat. (127) foret enim optandum, pares ac saltem proximos illi viro fieri. sed placebat propter sola vitia et ad ea se quisque dirigebat effingenda, quae poterat: deinde cum se iactaret eodem modo dicere, Senecam infamabat. (128) cuius et multae alioqui et magnae virtutes fuerunt, ingenium facile et copiosum, plurimum studii, multa rerum cognitio, in qua tamen aliquando ab his, quibus inquirenda quaedam mandabat, deceptus est. tractavit enim omnem fere studiorum materiam: (129) nam et orationes eius et poemata et epistulae et dialogi feruntur. in philosophia parum diligens, egregius tamen vitiorum insectator fuit. multae in eo claraeque sententiae, multa etiam morum gratia legenda, sed in eloquendo corrupta pleraque atque eo perniciosissima, quod abundant dulcibus vitiis. (130) velles eum suo ingenio dixisse, alieno iudicio: nam si † aliqua contempsisset, si parum non concupisset, si non omnia sua amasset, si rerum pondera minutissimis sententiis non fre-

urteile und er mir sogar verhaßt sei. Dies widerfuhr mir, während ich den entstellten und durch allerlei Mängel verdorbenen Stil nach strengeren Maßstäben zu beurteilen trachtete[100]. Damals aber befand sich fast nur er in den Händen der jungen Leute. (126) Ich versuchte ihnen zwar nicht diesen überhaupt auszureden, sondern wollte nicht zulassen, daß er Besseren vorgezogen werde, die herabzusetzen er nicht aufgehört hatte; denn er war sich der Andersartigkeit seines Stiles bewußt und traute sich nicht zu, durch seine Sprache darin Beifall zu finden, worin jene gefielen. Doch ihre Begeisterung für ihn war größer als die Fähigkeit, ihn nachzuahmen, und sie entfernten sich von ihm so weit, wie jener hinter den Alten zurückgeblieben war. (127) Es wäre ihnen nämlich zu wünschen, jenem Mann ebenbürtig oder wenigstens sehr ähnlich zu werden, doch er gefiel einzig und allein wegen seiner Mängel, und jeder schickte sich an, diese nachzubilden, so gut er konnte: sodann brüstete er sich, er beherrsche den gleichen Stil, und brachte so Seneca in Verruf. (128) Seine Vorzüge waren übrigens zahlreich und ansehnlich: geistige Regsamkeit und vielseitige Begabung, unablässiges Studium und beträchtliche Sachkenntnis, worin er allerdings zuweilen von jenen, die er mit verschiedenen Einzeluntersuchungen betraut hatte, irregeführt wurde. Er behandelte nämlich fast jedes Wissensgebiet[101]. (129) Sind doch von ihm Reden, Dichtungen, Briefe und Dialoge im Umlauf. In der Philosophie war er zu wenig gründlich, dennoch großartig in der Anprangerung von Lastern. Man findet bei ihm viele einprägsame Sinnsprüche, vieles ist auch unter dem ethischen Gesichtspunkt lesenswert; der Ausdruck jedoch ist größtenteils verunstaltet und deshalb überaus schädlich, weil er eine Unmenge von betörenden Fehlern enthält. (130) Man wünschte, aus ihm hätte sein eigenes Talent, aber fremdes Stilgefühl gesprochen. Denn wenn er manches nicht geschätzt, wenn er keine solche Vorliebe für Ungewöhnliches gehabt hätte[102], wenn er von allen seinen Einfällen nicht so eingenommen gewesen wäre, wenn er die Bedeutung des Gegenstandes nicht durch winzige Sätzchen geschmälert

gisset, consensu potius eruditorum quam puerorum amore comprobaretur. (131) verum sic quoque iam robustis et severiore genere satis firmatis legendus vel ideo, quod exercere potest utcumque iudicium. multa enim, ut dixi, probanda in eo, multa etiam admiranda sunt, eligere modo curae sit, quod utinam ipse fecisset: digna enim fuit illa natura, quae meliora vellet: quod voluit effecit.

II [De imitatione]

(1) Ex his ceterisque lectione dignis auctoribus et verborum sumenda copia est et varietas figurarum et componendi ratio, tum ad exemplum virtutum omnium mens derigenda. neque enim dubitari potest, quin artis pars magna contineatur imitatione. nam ut invenire primum fuit estque praecipuum, sic ea, quae bene inventa sunt, utile sequi. (2) atque omnis vitae ratio sic constat, ut quae probamus in aliis, facere ipsi velimus. sic litterarum ductus, ut scribendi fiat usus, pueri sequuntur, sic musici vocem docentium, pictores opera priorum, rustici probatam experimento culturam in exemplum intuentur, omnis denique disciplinae initia ad propositum sibi praescriptum formari videmus. (3) et hercule necesse est aut similes aut dissimiles bonis simus. similem raro natura praestat, frequenter imitatio. sed hoc ipsum, quod tanto faciliorem nobis rationem rerum omnium facit

hätte, würde er vielmehr bei den Gebildeten einstimmigen Beifall als bei Knaben schwärmerische Anhimmelung ernten[103]. (131) Aber auch so verdient er von jenen, die selbständig urteilen und im strengeren Stil ausreichend gefestigt sind, gelesen zu werden, auch schon deshalb, weil er immerhin die Geschmacksbildung fördern kann. Vieles an ihm ist nämlich, wie ich bereits sagte, anerkennenswert, vieles sogar bewundernswert, wofern man sorgsam auswählt – wenn er es doch selbst getan hätte! Denn dieses Naturtalent wäre es wert gewesen, Besseres zu wollen[104]; was er wollte, hat er erreicht.

II [Zur Frage der Nachahmung][105]

(1) Aus diesen und anderen Autoren, die es verdienen, gelesen zu werden, sind der Wortschatz, die Verschiedenheit der Redefiguren und die Methode des Satzbaues zu entnehmen, sodann ist das Sprachgefühl nach dem Muster aller Stilqualitäten[106] zu bilden. Es kann nämlich nicht bezweifelt werden, daß ein Großteil der Kunstfertigkeit auf Nachahmung beruht. Denn wie das Ersinnen zwar am Anfang stand und das Wichtigste ist, so wird man gut daran tun, die bewährten Erfindungen nachzuahmen. (2) Besteht doch unsere ganze Lebensweise darin, daß wir alles, was bei anderen unsern Beifall findet, selbst tun möchten. So ziehen die Kinder vorgezeichnete Buchstaben nach[107], damit sie Übung im Schreiben bekommen, so nehmen sich die Musiker die Stimme ihrer Lehrer, die Maler die Werke ihrer Vorgänger, die Bauern den durch die Praxis bewährten Ackerbau zum Vorbild, und schließlich sehen wir, daß sich jeder Anfangsunterricht nach einem vorgezeichneten Plan richtet. (3) Und wir müssen bei Gott den Guten entweder ähnlich oder unähnlich sein. Einen Ähnlichen bringt die Natur selten hervor, oft jedoch die Nachahmung. Doch gerade dies, was uns das Verfahren auf allen Gebieten um soviel leichter macht, als es für jene war, die nichts nachzuahmen hatten, bringt, wenn

quam fuit iis, qui nihil quod sequerentur habuerunt, nisi caute et cum iudicio adprehenditur, nocet.

(4) Ante omnia igitur imitatio per se ipsa non sufficit, vel quia pigri est ingenii contentum esse iis, quae sint ab aliis inventa. quid enim futurum erat temporibus illis, quae sine exemplo fuerunt, si homines nihil, nisi quod iam cognovissent, faciendum sibi aut cogitandum putassent? nempe nihil fuisset inventum. (5) cur igitur nefas est reperiri aliquid a nobis, quod ante non fuerit? an illi rudes sola mentis natura ducti sunt in hoc, ut tam multa generarent: nos ad quaerendum non eo ipso concitemur, quod certe scimus invenisse eos, qui quaesierunt? (6) et cum illi, qui nullum cuiusquam rei habuerunt magistrum, plurima in posteros tradiderint, nobis usus aliarum rerum ad eruendas alias non proderit, sed nihil habebimus nisi beneficii alieni? quem ad modum quidam pictores in id solum student, ut describere tabulas mensuris ac lineis sciant. (7) turpe etiam illud est, contentum esse id consequi, quod imiteris. nam rursus quid erat futurum, si nemo plus effecisset eo, quem sequebatur? nihil in poetis supra Livium Andronicum, nihil in historiis supra pontificum annales haberemus, ratibus adhuc navigaremus: non esset pictura, nisi quae lineas modo extremas umbrae, quam corpora in sole fecissent, circumscriberet. (8) ac si omnia percenseas, nulla sit ars, qualis inventa est, nec intra initium stetit: nisi forte nostra potissimum tempora damnamus huius infelicitatis, ut nunc demum nihil crescat: nihil autem crescit sola imitatione. (9) quod si prioribus adicere fas non est, quo modo sperare possumus illum oratorem per-

es nicht mit Vorsicht und kritisch angewandt wird, Schaden.

(4) Vor allem also genügt die Nachahmung für sich allein schon deshalb nicht, weil es das Zeichen einer trägen Wesensart ist, damit zufrieden zu sein, was andere erfunden haben. Denn was wäre in jenen Zeiten geschehen, die ohne Vorbilder waren, wenn die Menschen gedacht hätten, nichts anderes tun oder denken zu müssen als das, was sie ohnehin schon wüßten. Es wäre wohl nichts erfunden worden. (5) Warum sollten wir nicht etwas erfinden dürfen, was es vorher nicht gegeben hat? Jene ungebildeten Menschen wurden doch wohl durch ihre bloße Naturanlage veranlaßt, so vieles zu schaffen: sollen wir dagegen nicht gerade deshalb zum Forschen angeregt werden, weil wir wenigstens wissen, daß die, die suchten, gefunden haben? (6) Und während jene, die für gar nichts einen Lehrer hatten, so vieles der Nachwelt hinterließen, soll uns die Erfahrung mit den einen Dingen keine Hilfe bieten zur Entdeckung anderer und sollen wir nur das, was wir anderen verdanken, besitzen? Wie gewisse Maler ihr einziges Ziel in der Fähigkeit sehen, Gemälde nach Maßen und Umrissen[108] genau zu kopieren. (7) Auch das ist eine Schande, wenn man sich damit begnügt, das Nachgeahmte zu erreichen. Denn – um es nochmals zu sagen – was wäre geworden, wenn niemand mehr erreicht hätte als sein Vorbild? In der Dichtkunst hätten wir nichts außer Livius Andronicus, in der Geschichtsschreibung nur die »Priesterchroniken«[109], wir würden noch heute mit Flößen segeln; und die Malerei wäre auf Zeichnungen beschränkt, die bloß die Konturen eines von den Gegenständen in der Sonne geworfenen Schattens wiedergäbe[110]. (8) Und wenn man alles in Betracht zieht, so zeigt wohl keine Kunst das gleiche Bild wie im Augenblick ihrer Erfindung, noch ist sie in den Anfängen stecken geblieben; es sei denn, wir machen eben unserer Zeit diese Unfruchtbarkeit zum Vorwurf, daß erst heutzutage nichts mehr wächst[111]; nichts aber wächst durch bloße Nachahmung. (9) Wenn man nun zu dem Früheren nichts hinzufügen dürfte, wie könnten wir

fectum? quom in his, quos maximos adhuc novimus, nemo sit inventus, in quo nihil aut desideretur aut reprehendatur. sed etiam qui summa non adpetent, contendere potius quam sequi debent. (10) nam qui hoc agit, ut prior sit, forsitan, etiam si non transierit, aequabit. eum vero nemo potest aequare, cuius vestigiis sibi utique insistendum putat: necesse est enim semper sit posterior qui sequitur. adde quod plerumque facilius est plus facere quam idem: tantam enim difficultatem habet similitudo, ut ne ipsa quidem natura in hoc ita evaluerit, ut non res, quae simillimae quaeque pares maxime videantur, utique discrimine aliquo discernantur. (11) adde quod, quidquid alteri simile est, necesse est minus sit eo, quod imitatur, ut umbra corpore et imago facie et actus histrionum veris adfectibus. quod in orationibus quoque evenit. namque iis, quae in exemplum adsumimus, subest natura et vera vis, contra omnis imitatio facta est et ad alienum propositum commodatur. (12) quo fit ut minus sanguinis ac virium declamationes habeant quam orationes, quod in illis vera, in his adsimilata materia est. adde quod ea, quae in oratore maxima sunt, imitabilia non sunt, ingenium, inventio, vis, facilitas et quidquid arte non traditur. (13) ideoque plerique, cum verba quaedam ex orationibus excerpserunt aut aliquos compositionis certos pedes, mire a se quae legerunt effingi arbitrantur, cum et verba intercidant invalescantque temporibus, ut quorum certissima sit

dann auf einen vollkommenen Redner hoffen? Da sich doch unter denjenigen, die wir bisher als die größten kennengelernt haben, kein einziger finden ließ, bei dem nichts zu wünschen übrig oder auszusetzen wäre[112]. Aber auch wer nicht nach dem Höchsten strebt, sollte lieber wetteifern als (bloß) nachahmen. (10) Denn wer darauf ausgeht, besser als ein anderer zu sein, wird vielleicht, auch wenn er ihn nicht übertrifft, wenigstens dieselbe Stufe erreichen. Dem aber kann niemand gleichkommen, in dessen Spuren er unbedingt wandeln zu müssen glaubt: der Folgende bleibt nämlich notwendigerweise immer hinten. Man bedenke auch, daß es gewöhnlich weniger anstrengend ist, mehr zu leisten als das gleiche; so schwierig ist nämlich die genaue Entsprechung, daß nicht einmal die Natur Dinge hervorzubringen imstande war, die trotz ihrem Anschein größter Ähnlichkeit oder gar völliger Gleichheit nicht irgendein Unterscheidungsmerkmal hätten. (11) Man bedenke ferner, daß alles, was anderem ähnlich ist, geringer sein muß als der nachgeahmte Gegenstand: So wie der Schatten weniger ist als der Körper, das Abbild weniger als die wirkliche Gestalt und schauspielerische Darbietungen weniger als echte Leidenschaften. Dasselbe trifft auch für die Reden zu. Dem gewählten Vorbild nämlich liegt eine echte, natürliche Kraft zugrunde, dagegen ist jede Nachahmung künstlich und einer fremden Absicht angepaßt. (12) Daher kommt es, daß Deklamationen[113] weniger Saft und Kraft besitzen als wirkliche Reden, weil diese einen echten, jene einen angenommenen Anlaß haben. Man bedenke schließlich, daß die wichtigsten Eigenschaften eines Redners unnachahmbar sind, nämlich Talent, Erfindungsgabe, Wirksamkeit, Gewandtheit und was sonst noch die Theorie nicht vermitteln kann. (13) So glauben nicht wenige, sie würden, wenn sie einige Wörter oder bestimmte Satzrhythmen den Reden entnommen haben, das Gelesene wunderschön nachbilden, während doch Ausdrücke mit der Zeit in Vergessenheit geraten, anderseits wiederum allgemein üblich werden, wofür ja der sicherste Maßstab durch den Sprachgebrauch gegeben ist; die Wörter sind nämlich

regula in consuetudine, eaque non sua natura sint bona aut mala (nam per se soni tantum sunt), sed prout opportune proprieque aut secus conlocata sunt, et compositio cum rebus accommodata sit, tum ipsa varietate gratissima.

(14) Quapropter exactissimo iudicio circa hanc partem studiorum examinanda sunt omnia. primum, quos imitemur: nam sunt plurimi, qui similitudinem pessimi cuiusque et corruptissimi concupierint: tum in ipsis, quos elegerimus, quid sit, ⟨ad⟩ quod nos efficiendum comparemus. (15) nam in magnis quoque auctoribus incidunt aliqua vitiosa et a doctis, inter ipsos etiam mutuo, reprehensa: atque utinam tam bona imitantes dicerent melius quam mala peius dicunt. nec vero saltem his, quibus ad evitanda vitia iudicii satis fuit, sufficiat imaginem virtutis effingere et solam, ut ⟨ita⟩ dixerim, cutem vel potius illas Epicuri figuras, quas e summis corporibus dicit effluere. (16) hoc autem his accidit, qui non introspectis penitus virtutibus ad primum se velut aspectum orationis aptarunt: et cum iis felicissime cessit imitatio, verbis atque numeris sunt non multum differentes, vim dicendi atque inventionis non adsecuntur, sed plerumque declinant in peius et proxima virtutibus vitia comprehendunt fiuntque pro grandibus tumidi, pressis exiles, fortibus temerarii, laetis corrupti, compositis exultantes, simplicibus neglegentes. (17) ideoque qui horride atque incomposite quidlibet illud frigidum et inane extulerunt, antiquis se pares credunt, qui carent cultu atque sententiis, Atticis; scilicet [qui] praecisis conclusionibus obscuri Sallustium atque Thucydidem supe-

ihrer Natur nach weder gut noch schlecht – an und für sich stellen sie nur Laute dar –, sondern je nachdem sie geschickt und passend oder anders (= schlecht) angeordnet sind; auch der Satzrhythmus ist nicht zuletzt vom Inhalt abhängig und erhält durch die Mannigfaltigkeit seinen besonderen Reiz. (14) Daher muß in diesem Studienabschnitt alles mit gewissenhaftester Überlegung geprüft werden: Zunächst, wen wir nachahmen sollen; denn es gibt sehr viele, die sich eifrig bemühen, gerade den Schlechtesten und Fehlerhaftesten ähnlich zu sein; ferner, was an jenen, die wir ausgewählt haben, zu finden ist, das anzueignen wir uns anschicken sollten. (15) Denn sogar bei bedeutenden Autoren kommen einige Mängel vor, die von den Sachverständigen und auch gegenseitig unter ihnen selbst[114] gerügt wurden. Und dabei wollten doch die Nachahmer des Guten in dem Maße tüchtigere Redner werden, wie die des Minderwertigen schlechtere sind. Doch auch jene, die genug Urteilskraft besaßen, um Fehler zu meiden, dürften sich nicht damit zufrieden geben, den Schein eines Vorzugs und sozusagen nur die Hülle oder vielmehr jene Figuren nachzubilden, die, wie Epikur sagt, von der Oberfläche der Dinge ausgestrahlt würden[115]. (16) Das aber widerfährt denen, die sich, ohne die Stilqualitäten durch und durch geprüft zu haben, gewissermaßen nach dem äußeren Aussehen einer Rede richteten; und wenn ihnen die Nachahmung noch so geglückt ist, wenn sie sich im Wortlaut und Rhythmus nicht viel von ihrem Muster unterscheiden, erreichen sie dennoch nicht die Gewalt seiner Sprache und Phantasie, sondern gehen oft in die Irre und nehmen Fehler an, die den Vorzügen nahe verwandt sind: sie werden statt feierlich schwülstig, statt knapp dürftig, statt mutig waghalsig, statt gefällig geschmacklos, statt ausgeglichen maßlos, statt einfach nachlässig. (17) Und daher meinen jene, die in ihrer rauhen und plumpen Art irgend etwas Fades und Gehaltloses produzierten, den Alten zu gleichen, halten sich die, deren Rede des Schmuckes und geistvoller Wendungen entbehrt, für Attizisten[116], überbieten natürlich die durch unvermittelte Satzschlüsse Unverständlichen Sal-

rant, tristes ac ieiuni Pollionem aemulantur, otiosi et supini, si quid modo longius circumduxerunt, iurant ita Ciceronem locuturum fuisse. (18) noveram quosdam, qui se pulchre expressisse genus illud caelestis huius in dicendo viri sibi viderentur, si in clausula posuissent ›esse videatur‹. ergo primum est, ut quod imitaturus est quisque intellegat et, quare bonum sit, sciat.

(19) Tum in suscipiendo onere consulat suas vires. nam quaedam sunt imitabilia, quibus aut infirmitas naturae non sufficiat aut diversitas repugnet. ne, cui tenue ingenium erit, sola velit fortia et abrupta, cui forte quidem, sed indomitum, amore subtilitatis et vim suam perdat et elegantiam quam cupit non persequatur: nihil est enim tam indecens, quam cum mollia dure fiunt. (20) atque ego illi praeceptori, quem institueram in libro secundo, credidi non ea sola docenda esse, ad quae quemque discipulorum natura compositum videret: nam is et adiuvare debet quae in quoque eorum invenit bona, et, quantum fieri potest, adicere quae desunt et emendare quaedam et mutare: rector enim est alienorum ingeniorum atque formator. difficilius est naturam suam fingere. (21) sed ne ille quidem doctor, quamquam omnia quae recta sunt velit esse in suis auditoribus quam plenissima, in eo tamen, cui naturam obstare viderit, laborabit.

Id quoque vitandum, in quo magna pars errat, ne in oratione poetas nobis et historicos, in illis operibus oratores aut declamatores imitandos putemus. (22) sua cuique proposito

lust und Thukydides, wetteifern die Langweiligen und Trockenen mit Pollio, und die Unbekümmerten und Lässigen schwören, wenn sie nur einen Satz recht weitschweifig in die Länge gezogen haben, daß Cicero selbst so gesprochen hätte. (18) Ich kannte einige, die sich einbildeten, den Stil jenes in der Redekunst unvergleichlichen Mannes vortrefflich wiedergegeben zu haben, wenn sie den Satz mit einem »esse videatur« (zu sein scheint) geschlossen hatten. Es ist daher von allergrößter Bedeutung, daß jeder klar erfaßt, was er nachahmen will, und weiß, warum es gut ist.

(19) Hierauf soll er, wenn er die Bürde auf sich nimmt, seine Kräfte prüfen. Denn es gibt manches Nachahmenswerte, dem entweder die Unzulänglichkeit der Naturanlage nicht gewachsen, oder womit ihre Andersartigkeit unvereinbar ist. Jemand, dessen Begabung dem schlichten Stil entspricht, möge nicht nach kühnen und abgehackten Wendungen trachten, wer dagegen ein kühnes, aber ungezähmtes Talent besitzt, möge in seinem Verlangen nach Einfachheit nicht einerseits seine Kraft zugrunderichten, anderseits der erwünschten Eleganz des Ausdrucks vergeblich nachjagen. Denn nichts ist so unerträglich, wie wenn Feinheit durch Härte zustandekommt. (20) Und doch meinte ich, daß jener Lehrer, den ich im zweiten Buch dargestellt hatte, nicht nur das zu lehren habe, wozu jeder seiner Schüler von Natur aus geeignet erscheint; denn er muß auch die in jedem von ihnen aufgespürten Fähigkeiten fördern und, soweit es möglich ist, das Fehlende ergänzen, manches auch verbessern und ändern: Er ist nämlich der Führer fremder Talente und ihr Bildner. Schwieriger ist es, seine eigene Naturanlage[117] zu formen; (21) aber nicht einmal jener Lehrer, mag er noch so wünschen, daß in seinen Hörern alles Richtige möglichst vollkommen verwirklicht sei, wird dort seine Mühe vergeuden, wo er die Naturanlage als Hindernis sieht.

Zu vermeiden ist auch jener Irrtum, dem ein Großteil zum Opfer fällt, daß wir nämlich glauben, in einer Rede Dichter und Historiker, auf jenen Gebieten[118] aber Redner und Vortragskünstler (Deklamatoren) nachahmen zu müssen. (22) Je-

lex, suus decor est: nec comoedia in cothurnos adsurgit, nec contra tragoedia socco ingreditur. habet tamen omnis eloquentia aliquid commune: id imitemur quod commune est. (23) Etiam hoc solet incommodi accidere iis, qui se uni alicui generi dediderunt, ut, si asperitas iis placuit alicuius, hanc etiam in leni ac remisso causarum genere non exuant: si tenuitas aut iucunditas, in asperis gravibusque causis ponderi rerum parum respondeant: cum sit diversa non causarum modo inter ipsas condicio, sed in singulis etiam causis partium, sintque alia leniter alia aspere, alia concitate alia remisse, alia docendi alia movendi gratia dicenda, quorum omnium dissimilis atque diversa inter se ratio est. (24) itaque ne hoc quidem suaserim, uni se alicui proprie, quem per omnia sequatur, addicere. longe perfectissimus Graecorum Demosthenes, aliquid tamen aliquo in loco melius alii (plurima ille). sed non qui maxime imitandus, et solus imitandus est. (25) quid ergo? non est satis omnia sic dicere, quo modo M. Tullius dixit? mihi quidem satis esset, si omnia consequi possem. quid tamen noceret vim Caesaris, asperitatem Caelii, diligentiam Pollionis, iudicium Calvi quibusdam in locis adsumere? (26) nam praeter id quod prudentis est, quod in quoque optimum est, si possit, suum facere, tum in tanta rei difficultate unum intuentes vix aliqua pars sequitur ideoque cum totum exprimere quem elegeris paene sit homini in-

des Vorhaben hat sein eigenes Gesetz, seinen angemessenen Schmuck: Die Komödie steigt nicht auf den Kothurn, und die Tragödie schreitet nicht in leichten Schuhen einher[119]. Dennoch haben alle Arten der Redegewandtheit etwas Gemeinsames; dieses Gemeinsame wollen wir nachahmen.
(23) Auch folgendes Mißgeschick widerfährt gewöhnlich jenen, die sich nur einem ganz bestimmten Stil ergeben haben, daß sie, wenn sie an dem rauhen Ton irgendeines Redners Geschmack fanden, diesen auch in solchen Fällen, in denen ein ruhigerer und gelassenerer Ausdruck erforderlich ist, nicht ablegen; daß sie ferner, wenn ihnen Schlichtheit und Heiterkeit gefielen, in harten und ernsten Fällen dem Gewicht des Themas zu wenig gerecht werden. Denn nicht nur die Fälle selbst, sondern auch die Teile jedes einzelnen Falles sind in ihrer Art verschieden; und der Ton einer Rede muß bald sanft, bald unerbittlich, bald leidenschaftlich, bald gelassen, bald lehrhaft, bald erregend sein, wobei die eine Verfahrensweise von der anderen jedesmal sehr verschieden ist. (24) Daher möchte ich auch abraten, sich ausschließlich einem ganz bestimmten Vorbild, dem man überallhin folgt, zu verschreiben. Der weitaus vollkommenste Redner unter den Griechen war Demosthenes, und doch findet sich bei anderen gelegentlich eine schönere Wendung – die meisten jedoch bei ihm. Allein wer in erster Linie nachzuahmen ist, ist deshalb noch nicht der einzige Nachahmenswerte. (25) Was dann? Genügt es nicht, alles so zu sagen, wie es M. Tullius gesagt hat? Mir genügte es freilich, wenn ich alles erreichen könnte. Doch was würde es schaden, da und dort auch die Gewalt Caesars, die Schärfe des Caelius, die Genauigkeit des Pollio und den kritischen Geist des Calvus zu Hilfe zu nehmen? (26) Denn abgesehen davon, daß es vernünftig ist, sich nach Möglichkeit das Beste von jedem anzueignen, können in Anbetracht der großen Schwierigkeit unserer Aufgabe jene, die ihr Augenmerk auf ein einziges Vorbild richten, diesem bestenfalls auf irgendeinem Teilgebiet gerecht werden; und da es einem Menschen so gut wie versagt ist, das gewählte Muster in seiner Gesamtheit nach-

concessum, plurium bona ponamus ante oculos, ut aliud ex alio haereat, et quo quidque loco conveniat aptemus.
(27) Imitatio autem (nam saepius idem dicam) non sit tantum in verbis. illuc intendenda mens, quantum fuerit illis viris decoris in rebus atque personis, quod consilium, quae dispositio, quam omnia, etiam quae delectationi videantur data, ad victoriam spectent: quid agatur prohoemio, quae ratio et quam varia narrandi, quae vis probandi ac refellendi, quanta in adfectibus omnis generis movendis scientia, quamque laus ipsa popularis utilitatis gratia adsumpta, quae tum est pulcherrima, cum sequitur, non cum arcessitur. haec si perviderimus, tum vere imitabimur. (28) qui vero etiam propria his bona adiecerit, ut suppleat quae derant, circumcidat si quid redundabit, is erit, quem quaerimus, perfectus orator: quem nunc consummari potissimum oporteat, cum tanto plura exempla bene dicendi supersunt, quam illis, qui adhuc summi sunt, contigerunt. nam erit haec quoque laus eorum, ut priores superasse, posteros docuisse dicantur.

III [Quo modo scribendum sit]

(1) Et haec quidem auxilia extrinsecus adhibentur: in iis autem, quae nobis ipsis paranda sunt, ut laboris, sic utilitatis etiam longe plurimum adfert stilus. nec inmerito M. Tullius hunc ›optimum effectorem ac magistrum dicendi‹ vocat,

zubilden, wollen wir uns die Vorzüge vieler vor Augen halten, um uns von jedem etwas einzuprägen, sodann alles an passender Stelle einfügen.

(27) Die Nachahmung aber – ich muß das immer wieder betonen – soll sich nicht nur auf Worte beschränken. Die Aufmerksamkeit muß auch darauf gerichtet werden, mit welchem Geschick jene Männer die Themen und Charaktere dargestellt, wie sie alles durchdacht, gegliedert haben und wie sehr alles, auch was scheinbar dem (ästhetischen) Genuß dient, für den Sieg berechnet ist; was in der Einleitung behandelt wird, welcherart und wie verschieden die Methode der Erzählung ist, wie eindrucksvoll die Beweisführung und die Widerlegung, wie groß das Einfühlungsvermögen bei der Erregung von allerlei Leidenschaften[120], wie sehr man sich auch den Publikumsbeifall zunutze gemacht hat, der dann am ehrenvollsten ist, wenn er sich von selbst einstellt, nicht wenn man bewußt um ihn wirbt. Wenn wir das eingesehen haben, dann erst werden wir wirklich nachahmen. (28) Wer aber alledem noch seine eigenen Vorzüge hinzufügt, so daß er das Fehlende ergänzt und das Überflüssige beschneidet, wird der vollkommene Redner sein, den wir suchen; und dieser sollte gerade in unserer Zeit zur höchsten Vollendung gelangen können, da heute doch soviel mehr Beispiele einer guten Beredsamkeit vorhanden sind, als sie jenen, die bis jetzt als die Größten gelten, zur Verfügung standen. Denn auch dies wird ihr Ruhm sein, daß man von ihnen sagt, sie hätten ihre Vorgänger übertroffen, die Nachfolger gelehrt.

III [Das richtige Vorgehen beim Schreiben]

(1) Diese Hilfsmittel nun werden von außen herangezogen; von dem aber, was wir uns selbst erwerben müssen, bringt die Schreibübung zwar bei weitem die meiste Mühe, aber auch den größten Nutzen. Mit vollem Recht sieht M. Tullius darin »den besten Erzeuger und Lehrer der Beredsam-

cui sententiae personam L. Crassi in disputationibus quae sunt de oratore adsignando iudicium suum cum illius auctoritate coniunxit. (2) scribendum ergo quam diligentissime et quam plurimum. nam ut terra alte refossa generandis alendisque seminibus fecundior [fit], sic profectus non a summo petitus studiorum fructus et fundit uberius et fidelius continet. nam sine hac quidem constantia ipsa illa ex tempore dicendi facultas inanem modo loquacitatem dabit et verba in labris nascentia. (3) illic radices, illic fundamenta sunt, illic opes velut sanctiore quodam aerario conditae, unde ad subitos quoque casus cum res exiget, proferantur. vires faciamus ante omnia, quae sufficiant labori certaminum et usu non exhauriantur. (4) nihil enim rerum ipsa natura voluit magnum effici cito praeposuitque pulcherrimo cuique operi difficultatem, quae nascendi quoque hanc fecerit legem, ut maiora animalia diutius visceribus parentis continerentur.

Sed cum sit duplex quaestio, quo modo et quae maxime scribi oporteat, iam hinc ordinem sequar. (5) sit primo vel tardus dum diligens stilus, quaeramus optima nec protinus offerentibus se gaudeamus, adhibeatur iudicium inventis, dispositio probatis: dilectus enim rerum verborumque agendus est et pondera singulorum examinanda. post subeat ratio conlocandi versenturque omni modo numeri, non ut quodque se proferet verbum occupet locum. (6) quae quidem ut diligentius exsequamur, repetenda saepius erunt scriptorum proxima. nam praeter id, quod sic melius iunguntur priori-

keit«; dadurch, daß er im Rahmen der Gespräche »Über den Redner« diesen Ausspruch[121] der Person des L. Crassus in den Mund legte, vereinigte er sein eigenes Urteil mit dessen Ansehen. (2) Man soll daher möglichst sorgfältig und möglichst viel schreiben. Denn wie die tief aufgegrabene Erdscholle eine ergiebigere Saat aufgehen läßt, so schenkt ein nicht oberflächlicher Fortschritt reichere Früchte des Studiums und bewahrt sie verläßlicher. Denn ohne diese stetige Übung[122] wird uns die Fähigkeit zur Stegreifrede bloß mit leerem Geschwätz und Worten, die auf den Lippen entstehen, versorgen. (3) Dort sind die Wurzeln, dort die Grundlagen, dort die Reichtümer, die sozusagen in der geheimen Schatzkammer[123] aufbewahrt werden, woher sie für unerwartete Fälle, wenn es die Sachlage erfordert, hervorgeholt werden können. Sammeln wir vor allem Kräfte, die den anstrengenden Wortgefechten standhalten und sich durch dauernden Gebrauch nicht erschöpfen. (4) Die Natur wollte nämlich, daß nichts Großes rasch zustandegebracht werde, und legte dem Entstehen gerade der schönsten Werke Hindernisse in den Weg[124]; hat sie doch auch für die Geburt dies zum Gesetz erhoben, daß größere Lebewesen länger im Mutterleib getragen werden.

Da es sich jedoch um eine doppelte Frage handelt, nämlich wie und was hauptsächlich geschrieben werden muß, will ich nun diese Reihenfolge beibehalten. (5) Die schriftliche Übung mag anfangs immerhin langsam sein, wenn sie nur sorgfältig ist; suchen wir das Beste und freuen wir uns nicht gleich über das, was sich anbietet. Das Aufgefundene soll kritisch betrachtet und, wenn man es gebilligt hat, gegliedert werden. Denn es ist eine Auswahl des Stoffes und der Worte zu treffen und das Gewicht jedes einzelnen zu prüfen. Hierauf überlege man sich die Wortstellung, wobei alle Möglichkeiten des Rhythmus genau zu untersuchen sind, nicht daß jedes Wort, wo es sich gerade darbietet, dort schon seinen Platz einnimmt. (6) Um dies aber mit größerer Sorgfalt auszuführen, müssen wir uns das eben Geschriebene wiederholt vornehmen. Denn abgesehen davon, daß so das

bus sequentia, calor quoque ille cogitationis, qui scribendi mora refrixit, recipit ex integro vires et velut repetito spatio sumit impetum: quod in certamine saliendi fieri videmus, ut conatum longius petant et ad illud, quo contenditur, spatium cursu ferantur, utque in iaculando brachia reducimus et expulsuri tela nervos retro tendimus. (7) interim tamen, si feret flatus, danda sunt vela, dum nos indulgentia illa non fallat: omnia enim nostra, dum nascuntur, placent: alioqui nec scriberentur. sed redeamus ad iudicium et retractemus suspectam facilitatem. (8) sic scripsisse Sallustium accepimus, et sane manifestus est etiam ex opere ipso labor. Vergilium quoque paucissimos die composuisse versus auctor est Varius. (9) oratoris quidem alia condicio est: itaque hanc moram et sollicitudinem initiis impero. nam primum hoc constituendum, hoc optinendum est, ut quam optime scribamus: celeritatem dabit consuetudo. paulatim res facilius se ostendent, verba respondebunt, compositio sequetur, cuncta denique ut in familia bene instituta in officio erunt. (10) summa haec est rei: cito scribendo non fit ut bene scribatur, bene scribendo fit ut cito. sed tum maxime, cum facultas illa contigerit, resistamus, ut provideamus et ferentes equos frenis quibusdam coerceamus, quod non tam moram faciet quam novos impetus dabit. neque enim rursus eos, qui robur aliquod in stilo fecerint, ad infelicem calumniandi

Folgende mit dem Früheren besser in Einklang gebracht werden kann, gewinnen auch jene feurigen Gedanken, die durch langwieriges Schreiben erkaltet sind, frische Kräfte und kommen, als ob sie die Strecke neuerlich zurückgelegt hätten, wieder in Schwung. Dies geschieht, wie wir sehen, beim Sprungwettkampf, daß die Bewerber einen längeren Anlauf nehmen und mit großer Schnelligkeit im Sprung das angestrebte Ziel erreichen; ähnlich holen wir beim Speerwurf mit den Armen weit aus, und wir ziehen, um die Pfeile abzuschießen, die Bogensehnen straff an. (7) Bisweilen allerdings sollen wir, wenn der Wind günstig ist, die Segel spannen, wofern uns diese Nachgiebigkeit nicht irreführt. Denn alle unsere Gedanken finden im Augenblick ihrer Entstehung unsern Beifall, sonst würden sie nicht niedergeschrieben werden. Doch kehren wir dann wiederum zur Kritik zurück und gehen das durch seine Leichtigkeit Verdächtige wieder durch! (8) So hat dem Vernehmen nach Sallust geschrieben, und tatsächlich sind an seinem Werk selbst deutliche Spuren dieser mühevollen Arbeit zu sehen. Daß auch Vergil täglich nur ganz wenige Verse gedichtet habe, berichtet Varius[125]. (9) Der Redner ist jedoch in einer anderen Lage; daher verlange ich diese Langsamkeit und besorgte Gründlichkeit nur für den Anfang. Denn zuerst müssen wir uns vornehmen und zu erreichen trachten, daß wir möglichst gut schreiben. Schnelligkeit stellt sich durch Übung ein. Allmählich werden Einfälle immer häufiger, Worte werden (dem Gegenstand) entsprechen, rhythmischer Satzbau wird folgen, und alles wird schließlich wie in einer wohlerzogenen Dienerschaft auf dem Posten sein. (10) Die Hauptsache ist folgendes: Schnelles Schreiben bewirkt nicht, daß man gut, sondern gutes, daß man schnell schreibt. Doch laßt uns dann, wenn wir diese Fähigkeit erlangt haben, erst recht innehalten, um uns vorzusehen und die dahinstürmenden Rosse wie mit Zügeln zu bändigen, was weniger aufhalten, als neuen Antrieb geben wird. Doch glaube ich wiederum nicht, daß diejenigen, die schon eine gewisse Sicherheit im Schreiben erreicht haben, sich einer unfruchtbaren und quälenden Selbst-

se poenam alligandos puto. (11) nam quo modo sufficere officiis civilibus possit qui singulis actionum partibus insenescat? sunt autem quibus nihil sit satis: omnia mutare, omnia aliter dicere quam occurrit velint, increduli quidam et de ingenio suo pessime meriti, qui diligentiam putant, facere sibi scribendi difficultatem. (12) nec promptum est dicere, utros peccare validius putem, quibus omnia sua placent an quibus nihil. accidit enim etiam ingeniosis adulescentibus frequenter, ut labore consumantur et in silentium usque descendant nimia bene dicendi cupiditate. qua de re memini narrasse mihi Iulium Secundum illum, aequalem meum atque a me, ut notum est, familiariter amatum, mirae facundiae virum, infinitae tamen curae, quid esset sibi a patruo suo dictum. (13) is fuit Iulius Florus, in eloquentia Galliarum, quoniam ibi demum exercuit eam, princeps, alioqui inter paucos disertus et dignus illa propinquitate. is cum Secundum, scholae adhuc operatum, tristem forte vidisset, interrogavit, quae causa frontis tam adductae? (14) nec dissimulavit adulescens, tertium iam diem esse, quod omni labore materiae ad scribendum destinatae non inveniret exordium: quo sibi non praesens tantum dolor, sed etiam desperatio in posterum fieret. tum Florus adridens, numquid tu, inquit, melius dicere vis quam potes? (15) ita se res habet: curandum est, ut quam optime dicamus, dicendum tamen pro facultate: ad profectum enim opus est studio, non indignatione. ut possimus autem scribere etiam plura et celerius, non exercitatio modo praestabit, in qua sine dubio mul-

kritik unterwerfen sollen. (11) Denn wie könnte einer seinen bürgerlichen Pflichten[126] nachkommen, der schon über den einzelnen Teilen der Gerichtsrede alt wird. Es gibt freilich welche, denen nichts genügt: Sie möchten alles ändern, alles anders sagen, als es ihnen in den Sinn kommt; manche haben kein Selbstvertrauen und sind ihrer eigenen Begabung gar nicht wert; sie halten es für Sorgfalt, sich selbst Schwierigkeiten beim Schreiben zu machen. (12) Und es ist nicht leicht zu sagen, wer meiner Meinung nach die größeren Fehler begeht: die, denen alles Eigene, oder denen nichts gefällt. Es widerfährt nämlich auch begabten Jünglingen nicht selten, daß sie, von den Anstrengungen erschöpft, wegen ihres übertriebenen Ehrgeizes, tüchtige Redner zu werden, in Schweigen versinken. Ich erinnere mich noch, daß mir in diesem Zusammenhang Iulius Secundus, mein Altersgenosse und, wie bekannt, ein lieber Freund von mir, der eine erstaunliche Redegabe besaß, in seinem Bemühen jedoch keine Grenzen kannte, einmal davon erzählte, was ihm sein Onkel gesagt habe. (13) Dies war Iulius Florus, der bedeutendste Vertreter der Redekunst in den gallischen Provinzen, denn nur dort übte er sie aus, ansonsten redegewandt wie nur wenige und wert, ein Verwandter jenes Mannes zu sein. Als er Secundus, der damals noch die Schule besuchte, zufällig niedergeschlagen sah, fragte er ihn, was die Falten auf seiner Stirne zu bedeuten hätten. (14) Der junge Mann verheimlichte es nicht und sagte, es sei bereits der dritte Tag, daß er trotz aller Mühe nicht die Einleitung zu der ihm aufgetragenen schriftlichen Arbeit finden könne; daher komme nicht nur der gegenwärtige Schmerz, sondern auch seine Verzweiflung im Hinblick auf die Zukunft. Darauf erwiderte Florus lächelnd: »Willst du etwa besser reden, als du kannst?« (15) Und so verhält es sich wirklich: Wir müssen danach trachten, möglichst gut zu reden, reden aber sollen wir unserer Anlage entsprechend. Die Voraussetzung für den Erfolg ist eifriges Studium, nicht Unzufriedenheit. Die Fähigkeit aber, mehr und schneller zu schreiben, wird uns nicht nur die Übung, die zweifellos wichtig ist, sondern auch die ver-

tum est, sed etiam ratio: si non resupini spectantesque tectum et cogitationem murmure agitantes expectaverimus, quid obveniat, ⟨sed⟩ quid res poscat, quid personam deceat, quod sit tempus, qui iudicis animus, intuiti humano quodam modo ad scribendum accesserimus. sic nobis et initia et quae secuntur natura ipsa praescribit. (16) certa sunt enim pleraque et, nisi coniveamus, in oculos incurrunt: ideoque nec indocti nec rustici diu quaerunt, unde incipiant: quo pudendum est magis, si difficultatem facit doctrina. non ergo semper putemus optimum esse quod latet: inmutescamus alioqui, si nihil dicendum videatur, nisi quod non invenimus. (17) diversum est huic eorum vitium, qui primo decurrere per materiam stilo quam velocissimo volunt et sequentes calorem atque impetum ex tempore scribunt: hanc silvam vocant. repetunt deinde et componunt quae effuderant: sed verba emendantur et numeri, manet in rebus temere congestis quae fuit levitas. (18) protinus ergo adhibere curam rectius erit atque ab initio sic opus ducere, ut caelandum, non ex integro fabricandum sit. aliquando tamen adfectus sequemur, in quibus fere plus calor quam diligentia valet.

Satis apparet ex eo, quod hanc scribentium neglegentiam damno, quid de illis dictandi deliciis sentiam. (19) nam in stilo quidem quamlibet properato dat aliquam cogitationi moram non consequens celeritatem eius manus: ille, cui dic-

nünftige Überlegung vermitteln: wenn wir nämlich nicht auf dem Rücken liegen, die Zimmerdecke betrachten, unsere Phantasie durch undeutliches Brummen anregen und so auf einen Einfall warten, sondern die Erfordernisse des Sachverhaltes, die Eigenart der betreffenden Person, die Umstände sowie die Laune des Richters berücksichtigen und auf eine gewissermaßen menschenwürdige Weise an das Schreiben herangehen. So zeichnet uns den Anfang und das Folgende die Natur selbst vor. (16) Das meiste ist nämlich ganz eindeutig und springt in die Augen, wenn wir sie nicht schließen. Daher fragen weder die Ungebildeten noch die Bauern, wo sie beginnen sollen. Man muß sich um so mehr schämen, wenn man durch Gelehrsamkeit in Verlegenheit kommt. Glauben wir also nicht immer, das Beste sei, was verborgen bleibt. Wir könnten übrigens verstummen, wenn wir meinten, nur das sagen zu dürfen, was wir nicht zufällig gefunden haben. (17) Das andere Extrem bildet der Fehler jener, die zuerst mit einem möglichst raschen Griffel das Thema durcheilen wollen und, ihrem Eifer und Schwung folgend, aus dem Augenblick heraus schreiben. Das bezeichnen sie als rohen Entwurf[127]. Hierauf nehmen sie sich ihre geistigen Ergüsse wieder vor und ordnen, was sie so hervorgebracht haben: Die Worte und der Rhythmus lassen sich zwar verbessern, im Stoff aber, der aufs Geratewohl zusammengetragen wurde, ist dieselbe Flüchtigkeit erkennbar wie früher. (18) Es wird daher richtiger sein, gleich sorgfältig zu arbeiten und von Anfang an das Werk so zu gestalten, daß es nur noch ausgeschmückt und nicht von neuem angefertigt werden muß. Bisweilen werden wir allerdings unseren Gefühlen zu folgen haben, wobei fast immer die Begeisterung mehr ausrichtet als gewissenhafte Überlegung.

Daraus, daß ich diese Nachlässigkeit beim Schreiben verurteile, wird hinreichend klar, wie ich über die verbreitete Vorliebe für das Diktieren denke. (19) Denn wenn man sich selbst beim Schreiben noch so beeilt, hält die Hand bis zu einem gewissen Grade den Gedanken auf, weil sie seine Schnelligkeit nicht zu erreichen vermag; jener aber, dem wir

tamus, urget, atque interim pudet etiam dubitare aut resistere aut mutare quasi conscium infirmitatis nostrae timentis. (20) quo fit ut non rudia tantum et fortuita, sed inpropria interim, dum sola est conectendi sermonis cupiditas, effluant, quae nec scribentium curam nec dicentium impetum consequantur. at idem ille, qui excipit, si tardior in scribendo aut inertior intellegendo velut offensator fuit, inhibetur cursus, atque omnis, quae erat, concepta mentis intentio mora et interdum iracundia excutitur. (21) tum illa, quae apertiorem animi motum secuntur quaeque ipsa animum quodam modo concitant, quorum est iactare manum, torquere vultum, sinum et latus interim obiurgare, quaeque Persius notat, cum leviter dicendi genus significat, ›nec pluteum‹, inquit, ›caedit nec demorsos sapit unguis‹, etiam ridicula sunt, nisi cum soli sumus. (22) denique ut semel quod est potentissimum dicam, secretum, quod dictando perit, atque liberum arbitris locum et quam altissimum silentium scribentibus maxime convenire nemo dubitaverit. non tamen protinus audiendi qui credunt aptissima in hoc nemora silvasque, quod illa caeli libertas locorumque amoenitas sublimem animum et beatiorem spiritum parent. (23) mihi certe εὐδαίμων [iucundus] hic magis quam studiorum hortator videtur esse secessus. namque illa, quae ipsa delectant, necesse est avocent ab intentione operis destinati. neque enim se bona fide in multa simul intendere animus totum potest, et quocumque respexit,

diktieren, läßt uns keine Ruhe, und bisweilen schämen wir uns, zu zögern oder innezuhalten oder zu ändern, da wir den Zeugen unserer Schwäche fürchten. (20) So kommt es, daß uns, während wir nur auf einen zusammenhängenden Redefluß bedacht sind, nicht bloß ungeschickte und zufällige, sondern bisweilen auch unpassende Wendungen entschlüpfen, die weder der Sorgfalt der Schriftsteller noch dem Schwung der Redner entsprechen. Dagegen wird wiederum, wenn sich jener, der das Diktat aufnimmt, durch sein allzu säumiges Schreiben oder mangelhaftes Auffassungsvermögen als Stümper erwies, der Redefluß gehemmt, und der ganze, in Gedanken bereits feststehende Entwurf geht uns durch den Verzug und mitunter bei einem heftigen Zornesausbruch verloren. (21) Überdies sind Begleiterscheinungen einer unverhohleneren Gemütsbewegung, die selbst den Geist irgendwie anregen – zu denen das Gestikulieren mit der Hand gehört sowie das Mienenspiel, das gelegentliche Schlagen auf die Brust und in die Seite[128], und das, was Persius vermerkt[129], wenn er den oberflächlichen Stil mit den Worten kennzeichnet: »Er schlägt weder auf sein Lesepult, noch beißt er sich die Fingernägel ab« –, sogar lächerlich, außer wenn wir allein sind. (22) Und es dürfte, um nun mit einem Wort das Wichtigste zu sagen, wohl niemand bezweifeln, daß das Alleinsein, auf das man während des Diktierens verzichten muß, ferner ein Ort, frei von Augenzeugen, sowie eine möglichst tiefe Stille beim Schreiben ganz besonders förderlich sind. Man soll jedoch nicht gleich Leuten Gehör schenken, die glauben, Haine und Wälder seien am geeignetsten dafür, weil der freie Himmel und die lieblichen Plätze die Stimmung heben und den Geist befruchten würden. (23) Mir wenigstens scheint es, daß eine solche Abgeschiedenheit eher beglückend, als eine Mahnerin zum Studium sei. Das Erfreuliche nämlich lenkt notwendigerweise von einer intensiven Beschäftigung mit der gestellten Aufgabe ab. Denn man kann seine ungeteilte Aufmerksamkeit nicht mit gutem Gewissen gleichzeitig auf vielerlei Dinge richten, und jedes Abirren der Augen in irgendeine

desinit intueri quod propositum erat. (24) quare silvarum amoenitas et praeterlabentia flumina et inspirantes ramis arborum aurae volucrumque cantus et ipsa late circumspiciendi libertas ad se trahunt, ut mihi remittere potius voluptas ista videatur cogitationem quam intendere. (25) Demosthenes melius, qui se in locum, ex quo nulla exaudiri vox et ex quo nihil prospici posset, recondebat, ne aliud agere mentem cogerent oculi. ideoque lucubrantes silentium noctis et clausum cubiculum et lumen unum velut tectos maxime teneat. (26) sed cum in omni studiorum genere, tum in hoc praecipue bona valetudo, quaeque eam maxime praestat, frugalitas necessaria est, cum tempora ab ipsa rerum natura ad quietem refectionemque nobis data in acerrimum laborem convertimus. cui tamen non plus inrogandum est quam quod somno supererit aut ⟨non⟩ deerit. (27) obstat enim diligentiae scribendi etiam fatigatio et abunde, si vacet, lucis spatia sufficiunt: occupatos in noctem necessitas agit. est tamen lucubratio, quotiens ad eam integri ac refecti venimus, optimum secreti genus.

(28) Sed silentium et secessus et undique liber animus ut sunt maxime optanda, ita non semper possunt contingere, ideoque non statim, si quid obstrepet, abiciendi codices erunt et deplorandus dies, verum incommodis repugnandum et hic faciendus usus, ut omnia, quae impedient, vincat intentio: quam si tota mente in opus ipsum derexeris, nihil eorum, quae oculis vel auribus incursant, ad animum perveniet.

andere Richtung macht die Konzentration auf das eigentliche Vorhaben unmöglich. (24) Und so haben die lieblichen Wälder, die vorbeifließenden Wasser, das Rauschen der Äste im Wind, der Vogelgesang und der freie, weithin schweifende Blick etwas derart Fesselndes an sich, daß nach meinem Dafürhalten bei diesem Genuß eher ein Nachlassen als eine Verstärkung der Denkfreudigkeit eintritt. (25) Richtiger handelte Demosthenes, der sich an einen Platz zurückzog, wo kein Laut zu hören war und keine Aussicht sich bot, damit die Augen den Geist nicht nötigten, sich mit Nebensächlichem zu befassen. Daher mögen die nächtliche Stille, das verschlossene Gemach und eine einzige Lampe die Nachtarbeiter gleichsam in ihren besonderen Schutz nehmen. (26) Doch wie bei jeder anderen Art des Studiums, so ist bei dieser in besonderem Maße eine kräftige Gesundheit und als wichtigste Voraussetzung dafür eine einfache Lebensweise unentbehrlich, wenn wir die Stunden, die uns von Natur selbst zum Schlaf und zur Erholung geschenkt wurden, einer so anstrengenden Arbeit widmen. Dieser dürfen wir jedenfalls nicht mehr opfern als das, was der Schlaf übrig läßt, beziehungsweise was ihm nicht abgeht. (27) Denn auch Ermüdung steht einer sorgfältigen Schreibarbeit im Wege, und wenn man Zeit hat, genügt die Spanne des Tageslichtes vollauf; nur Vielbeschäftigte treibt der Zwang in die Nacht hinein. Gleichwohl ist die Nachtarbeit, sooft wir sie frisch und erholt antreten, die beste Form der Zurückgezogenheit.

(28) Aber wenn auch Stille, Abgeschiedenheit und ein in jeder Hinsicht unbeschwertes Gemüt sehr wünschenswert erscheinen, so ist dies alles doch nicht immer verfügbar, und deshalb darf man die Schreibtäfelchen nicht bei jeder Störung gleich hinwerfen und den Tag als verloren beklagen, sondern man muß gegen Unannehmlichkeiten ankämpfen und sich darin üben, daß die innere Sammlung alle Hindernisse überwinde. Wenn du dich mit der ganzen Kraft deines Geistes auf die Aufgabe einstellst, wird nichts von dem, was sich den Augen und Ohren aufdrängt, ins Bewußtsein drin-

(29) an vero frequenter etiam fortuita hoc cogitatio praestat, ut obvios non videamus et itinere deerremus: non consequemur idem, si et voluerimus? non est indulgendum causis desidiae. nam si non nisi refecti, non nisi hilares, non nisi omnibus aliis curis vacantes studendum existimarimus, semper erit propter quod nobis ignoscamus. (30) quare in turba, itinere, conviviis etiam faciat sibi cogitatio ipsa secretum. quid alioqui fiet, cum in medio foro, tot circumstantibus iudiciis, iurgiis, fortuitis etiam clamoribus, erit subito continua oratione dicendum, si particulas, quas ceris mandamus, nisi in solitudine reperire non possumus? propter quae idem ille tantus amator secreti Demosthenes in litore, in quo se maximo cum sono fluctus inlideret, meditans consuescebat contionum fremitus non expavescere.

(31) Illa quoque minora (sed nihil in studiis parvum est) non sunt transeunda: scribi optime ceris, in quibus facillima est ratio delendi, nisi forte visus infirmior membranarum potius usum exiget, quae ut iuvant aciem, ita crebra relatione, quoad intinguntur calami, morantur manum et cogitationis impetum frangunt. (32) relinquendae autem in utrolibet genere contra erunt vacuae tabellae, in quibus libera adiciendi sit excursio. nam interim pigritiam emendandi angustiae faciunt aut certe novorum interpositione priora confundant. ne latas quidem ultra modum esse ceras velim, expertus iuvenem studiosum alioqui praelongos habuisse ser-

gen. (29) Bringt es doch schon ein ganz zufälliges Nachdenken wiederholt mit sich, daß wir die, die uns begegnen, nicht sehen und vom Weg abirren; werden wir das gleiche nicht auch mit Absicht erreichen? Man soll nicht jeden Vorwand für Untätigkeit bereitwillig aufgreifen. Denn wenn wir glauben, nur dann studieren zu müssen, wenn wir erholt, heiter und völlig sorglos sind, wird es für uns immer einen Entschuldigungsgrund geben. (30) Daher schaffe sich auch in der Menschenmenge, auf Reisen und sogar bei Gastmählern der Gedanke selbst eine geistige Abgeschlossenheit. Was wird denn andernfalls geschehen, wenn sich die Notwendigkeit ergibt, mitten auf dem Forum, von allen Seiten durch so viele Gerichtsverhandlungen, Rechtsstreitigkeiten und auch zufällige Schreie gestört, unvorbereitet eine zusammenhängende Rede zu halten, wenn wir schon einzelne Sätze, die wir auf Wachstäfelchen schreiben, nur in der Einsamkeit finden können? Deshalb versuchte ebenfalls Demosthenes, der die Einsamkeit so sehr liebte, durch seine Übungen am Meeresstrand, wo das Getöse der Brandung am stärksten war, sich eine gewisse Unempfindlichkeit gegen den Lärm der Volksversammlungen anzugewöhnen.

(31) Auch das weniger Wichtige – doch nichts ist beim Studium unbedeutend – darf nicht übergangen werden: Am besten schreibt man auf Wachstäfelchen, wo das Geschriebene ganz leicht getilgt werden kann, falls nicht gerade ein allzu schwaches Sehvermögen eher den Gebrauch von Pergament erfordert, das zwar den Augen zugute kommt, das Schreiben jedoch durch das häufige Hinundherführen der Hand, sooft das Schreibrohr eingetaucht wird, verzögert und den Gedankenflug unterbindet. (32) In jedem Fall wird man daneben unbeschriebene Seiten als freien Raum für Zusätze bereithalten müssen. Denn bisweilen verursacht Platzmangel eine Abneigung gegen das Verbessern, oder es kann zumindest das Einfügen neuer Gedanken im bereits Vorhandenen Verwirrung stiften. Auch möchte ich nicht Wachstafeln von übermäßigem Umfang empfehlen; ich habe nämlich erfahren, daß ein sonst strebsamer junger Mann allzu

mones, quia illos numero versuum metiebatur, idque vitium, quod frequenti admonitione corrigi non potuerat, mutatis codicibus esse sublatum. (33) debet vacare etiam locus, in quo notentur quae scribentibus solent extra ordinem, id est ex aliis, quam qui sunt in manibus loci, occurrere. inrumpunt enim optimi nonnumquam sensus, quos neque inserere oportet neque differre tutum est, quia interim elabuntur, interim memoriae sui intentos ab alia inventione declinant ideoque optime sunt in deposito.

IV [De emendatione]

(1) Sequitur emendatio, pars studiorum longe utilissima: neque enim sine causa creditum est stilum non minus agere, cum delet. huius autem operis est adicere, detrahere, mutare. sed facilius in iis simpliciusque iudicium, quae replenda vel deicienda sunt: premere vero tumentia, humilia extollere, luxuriantia adstringere, inordinata digerere, soluta componere, exultantia coercere duplicis operae: nam et damnanda sunt quae placuerant et invenienda quae fugerant. (2) nec dubium est optimum esse emendandi genus, si scripta in aliquod tempus reponantur, ut ad ea post intervallum velut nova atque aliena redeamus, ne nobis scripta nostra tamquam recentes fetus blandiantur. (3) sed neque hoc contin-

lange Reden hielt, weil er sie nach der Anzahl der Zeilen beurteilte; dieser Fehler, den er sich trotz wiederholter Ermahnungen nicht abgewöhnen konnte, wurde erst durch Auswechseln seiner Schreibtafeln behoben. (33) Es muß auch noch ein Platz freibleiben für Anmerkungen von Gedanken, die uns nicht selten beim Schreiben außerhalb des Zusammenhanges, das heißt von Stellen, an denen wir nicht gerade arbeiten, in den Sinn kommen. Denn bisweilen hat man ganz plötzlich die besten Einfälle, die nicht sofort verwertbar sind; es wäre aber unvorsichtig, wollte man sie beiseiteschieben, weil sie bald dem Gedächtnis entgleiten, bald wiederum, wenn man bestrebt ist, sie festzuhalten, von der Auffindung anderer Gedanken ablenken; daher bleiben sie am besten in der Schublade[130].

IV [Das Verbessern]

(1) Nun zum Verbessern, dem weitaus nützlichsten Teil unserer Bemühungen! Nicht unbegründet nämlich ist die Meinung, daß der Griffel auch beim Streichen eine wichtige Aufgabe erfüllt; diese aber besteht in der Erweiterung, Kürzung oder Änderung. Doch leichter und einfacher fällt die Entscheidung dort, wo etwas zu ergänzen beziehungsweise zu verwerfen ist. Den Schwulst jedoch auszumerzen, das Dürftige zu bereichern, das üppig Wuchernde zu beschneiden, das Ungeordnete zu gliedern, das Unharmonische rhythmisch zu gestalten, das Überschäumende einzudämmen, erfordert eine doppelte Anstrengung: Denn was uns zufriedengestellt hatte, muß verworfen, und was uns entgangen war, gefunden werden. (2) Die beste Methode des Verbesserns ist zweifellos die, das Geschriebene für eine Zeitlang beiseitezulegen und nach einer Pause zu ihm wie zu etwas Unbekanntem und Fremdem zurückzukehren, damit uns die eigenen Werke nicht gleich Neugeborenen schmeicheln. (3) Allerdings hat besonders ein Redner, dessen schriftliche

gere semper potest praesertim oratori, cui saepius scribere ad praesentis usus necesse est, et ipsa emendatio finem habet. sunt enim qui ad omnia scripta tamquam vitiosa redeant et, quasi nihil fas sit rectum esse quod primum est, melius existiment quidquid est aliud, idque faciant, quotiens librum in manus resumpserunt, similes medicis etiam integra secantibus. accidit itaque ut cicatricosa sint et exsanguia et cura peiora. (4) sit ergo aliquando quod placeat aut certe quod sufficiat, ut opus poliat lima, non exterat. temporis quoque esse debet modus. nam quod Cinnae Smyrnam novem annis accepimus scriptam et panegyricum Isocratis, qui parcissime, decem annis dicunt elaboratum, ad oratorem nihil pertinet, cuius nullum erit, si tam tardum fuerit, auxilium.

V [Quae scribenda sint praecipue]

(1) Proximum est, ut dicamus, quae praecipue scribenda sint ἕξιν parantibus. ⟨non est huius⟩ quidem operis, ut explicemus, quae sint materiae, quae prima aut secunda aut deinceps tractanda sint (nam id factum est iam primo libro, quo puerorum, et secundo, quo iam robustorum studiis ordinem dedimus), sed, de quo nunc agitur, unde copia ac facilitas maxime veniat.

(2) Vertere Graeca in Latinum veteres nostri oratores optimum iudicabant. id se L. Crassus in illis Ciceronis de Ora-

Arbeiten öfters für den sofortigen Gebrauch bestimmt sind, nicht immer diese Möglichkeit, wie überhaupt auch das Verbessern einmal ein Ende hat. Es gibt nämlich auch Leute, die zu allen ihren Schriften in der Annahme, sie seien fehlerhaft, zurückkommen und die, als dürfte das erste niemals richtig sein, alles, was anders ist, für besser halten; und dies tun sie, sooft sie eine Rolle wieder in die Hand genommen haben, ähnlich jenen Ärzten, die auch gesunde Glieder amputieren. So kommt es, daß sie (= ihre literarischen Erzeugnisse) voller Narben und blutarm sind und durch diese Behandlung noch schlechter werden. (4) Möge daher endlich einmal etwas auch unseren Gefallen finden oder wenigstens genügen, damit die Feile das Werk glätte, nicht zerstöre! Auch die Arbeitszeit muß begrenzt sein. Die Tatsache, daß Cinna an seinem Gedicht »Smyrna« dem Vernehmen nach neun Jahre geschrieben und daß Isokrates für die Ausarbeitung des »Panegyrikos« nach vorsichtigster Schätzung angeblich zehn Jahre gebraucht habe, ist für den Redner ohne Bedeutung, dessen Beistand völlig unwirksam sein wird, wenn er so spät kommt.

V [Die notwendigsten schriftlichen Übungen]

(1) Als nächstes ist zu sagen, was in erster Linie diejenigen schreiben müssen, die sich die ἕξις[131] aneignen möchten. Es gehört allerdings nicht zu diesem Teil unserer Aufgabe darzulegen, welche Themen in Frage kommen, was als erstes oder als zweites und so fort behandelt werden soll – denn dies ist bereits im ersten und im zweiten Buch geschehen, wo wir die Reihenfolge für die Lernarbeit der Knaben beziehungsweise der Erwachsenen festgesetzt haben –, sondern hier geht es um die Frage, was die wichtigste Quelle der Ausdrucksfülle und der (Wort-)Gewandtheit sei.

(2) Das Übersetzen aus dem Griechischen ins Lateinische hielten unsere alten Redner für die beste Übung. Dies hat

tore libris dicit factitasse: id Cicero sua ipse persona frequentissime praecipit, quin etiam libros Platonis atque Xenophontis edidit hoc genere tralatos: id Messalae placuit, multaeque sunt ab eo scriptae ad hunc modum orationes, adeo ut etiam cum illa Hyperidis pro Phryne difficillima Romanis subtilitate contenderet. (3) et manifesta est exercitationis huiusce ratio. nam et rerum copia Graeci auctores abundant et plurimum artis in eloquentiam intulerunt et hos transferentibus verbis uti optimis licet: omnibus enim utimur nostris. figuras vero, quibus maxime ornatur oratio, multas ac varias excogitandi etiam necessitas quaedam est, quia plerumque a Graecis Romana dissentiunt.

(4) Sed et illa ex Latinis conversio multum et ipsa contulerit. ac de carminibus quidem neminem credo dubitare, quo solo genere exercitationis dicitur usus esse Sulpicius. nam et sublimis spiritus adtollere orationem potest, et verba poetica libertate audaciora non praesumunt eadem proprie dicendi facultatem. sed et ipsis sententiis adicere licet oratorium robur et omissa supplere, effusa substringere. (5) neque ego paraphrasin esse interpretationem tantum volo, sed circa eosdem sensus certamen atque aemulationem. ideoque ab illis dissentio, qui vertere orationes Latinas vetant, quia optimis occupatis, quidquid aliter dixerimus, necesse sit esse deterius. nam neque semper est desperandum aliquid illis, quae dicta sunt, melius posse reperiri, neque adeo ieiunam ac

L. Crassus, wie er in Ciceros Büchern »Über den Redner« sagt[132], eifrig betrieben, dies empfiehlt immer wieder auch Cicero persönlich[133], ja er veröffentlichte sogar einige Bücher Platons und Xenophons[134], die er zu diesem Zweck übersetzt hatte. Dies hielt auch Messala für richtig, und es gibt eine Reihe von Reden, die er auf diese Weise[135] verfaßt hat, so daß er sogar mit der für die Römer überaus schwierigen Feinsinnigkeit, die Hypereides in seiner Rede für Phryne zeigt, wetteiferte. (3) Der Zweck einer solchen Übung liegt klar auf der Hand. Bei den griechischen Autoren ist nämlich der Inhalt ungemein vielseitig, ferner haben sie die Beredsamkeit mit sehr viel Kunst bereichert, und wenn wir sie übersetzen, steht es uns frei, die besten Ausdrücke zu wählen; denn alle, die wir gebrauchen, sind unsere eigenen. Vor allem aber sind wir geradezu gezwungen, viele verschiedene Figuren, die den besonderen Schmuck einer Rede darstellen, zu erfinden, weil hier das römische Sprachgefühl meist vom griechischen abweicht.

(4) Aber auch die Umarbeitung[136] lateinischer Texte wird sehr zuträglich sein; wenn es sich dabei um Gedichte handelt, wird dies wohl niemand bezweifeln; dies soll die einzige Art der Übung gewesen sein, mit der sich Sulpicius befaßte. Denn der dichterische Schwung vermag die Rede zu beflügeln, und die der dichterischen Freiheit entsprungenen kühneren Worte nehmen die Möglichkeit einer sinngemäßen Wiedergabe nicht vorweg. Anderseits aber kann den Gedanken (des Dichters) selbst auch rhetorische Kraft verliehen, das nicht Ausgesprochene ergänzt und das breit Ausgeführte kürzer gefaßt werden. (5) Ich möchte jedoch in der Paraphrase nicht bloß eine Deutung erblicken, sondern einen Wettstreit um die Darstellung derselben Gedanken. Daher stimme ich mit jenen nicht überein, die von der Umarbeitung lateinischer Reden abraten, weil, vorausgesetzt, daß die besten Wendungen schon benützt worden sind, jedes abweichende Wort schlechter sein müsse. Denn man darf nicht immer die Hoffnung aufgeben, etwas Besseres als das Gesagte finden zu können, und die Beredsamkeit ist von Natur aus

pauperem natura eloquentiam fecit, ut una de re bene dici nisi semel non possit. (6) nisi forte histrionum multa circa voces easdem variare gestus potest, orandi minor vis, ut dicatur aliquid, post quod in eadem materia nihil dicendum sit. sed esto neque melius quod invenimus esse neque par, est certe proximis locus. (7) an vero ipsi non bis ac saepius de eadem re dicimus et quidem continuas nonnumquam sententias? nisi forte contendere nobiscum possumus, cum aliis non possumus. nam si uno genere bene diceretur, fas erat existimari praeclusam nobis a prioribus viam: nunc vero innumerabiles sunt modi plurimaeque eodem viae ducunt. (8) sua brevitati gratia, sua copiae, alia translatis virtus, alia propriis, hoc oratio recta, illud figura declinata commendat. ipsa denique utilissima est exercitationi difficultas. quid quod auctores maximi sic diligentius cognoscuntur? non enim scripta lectione secura transcurrimus, sed tractamus singula et necessario introspicimus et, quantum virtutis habeant, vel hoc ipso cognoscimus, quod imitari non possumus.

(9) Nec aliena tantum transferre, sed etiam nostra pluribus modis tractare proderit, ut ex industria sumamus sententias quasdam easque versemus quam numerosissime, velut eadem cera aliae aliaeque formae duci solent. (10) plurimum autem parari facultatis existimo ex simplicissima quaque materia. nam illa multiplici personarum, causarum, temporum, locorum, dictorum, factorum diversitate facile delitescet infir-

keineswegs so nüchtern und arm, daß für eine Sache nur ein treffender Ausdruck möglich wäre; (6) es sei denn, daß zwar die Gebärde der Schauspieler denselben Worten viele verschiedene Nuancen abzugewinnen imstande ist, die Macht der Rede aber weniger vermag, so daß eine sprachliche Formulierung in derselben Materie jede andere ausschließen müßte. Doch angenommen, kein von uns gefundener Ausdruck könnte treffender oder gleich gut sein, so ist wenigstens der nächstbeste möglich. (7) Sprechen nicht etwa auch wir zweimal oder öfter über dieselbe Sache, und zwar bisweilen in zusammenhängenden Sätzen? Oder will man vielleicht annehmen, daß wir nur mit uns selbst zu wetteifern imstande sind, mit anderen jedoch nicht? Gäbe es freilich eine einzige Art der treffenden Rede, so würde man mit Recht meinen, die Früheren hätten uns den Weg versperrt; nun aber gibt es unzählige Möglichkeiten, und sehr viele Wege führen zum selben Ziel. (8) Ihre eigene Anmut hat die Kürze, wiederum ihre eigene die Fülle, Metaphern kommt ein anderer Wert zu als buchstäblich gemeinten Ausdrücken; dies empfiehlt die einfache, jenes die mit Figuren geschmückte Redeweise. Schließlich ist auch die Schwierigkeit selbst für die Übung von größtem Nutzen. Auf diese Weise lernt man übrigens die bedeutendsten Autoren genauer kennen, denn wir überfliegen nicht ihre Werke durch oberflächliches Lesen, sondern setzen uns mit jedem einzelnen auseinander, sind gezwungen, sie einer genauen Prüfung zu unterziehen, und erkennen auch gerade dadurch ihre großen Vorzüge, daß wir nicht imstande sind, sie nachzuahmen.

(9) Es wird jedoch nicht nur vorteilhaft sein, Fremdes zu umschreiben, sondern auch Eigenes auf verschiedene Art und Weise zu bearbeiten, indem wir mit Absicht einige Sätze wählen und sie möglichst abwechslungsreich gestalten, wie aus dem gleichen Wachs bald diese, bald jene Formen gebildet werden. (10) Die größte Gewandtheit aber erwirbt man sich nach meinem Dafürhalten an der anspruchslosesten Materie. Denn hinter einer Vielfalt von Personen, Rechtsfällen, Zeitumständen, örtlichen Gegebenheiten, Worten und Taten

mitas, tot se undique rebus, ex quibus aliquam adprehendas, offerentibus. (11) illud virtutis indicium est, fundere quae natura contracta sunt, augere parva, varietatem similibus, voluptatem expositis dare et bene dicere multa de paucis. In hoc optime facient infinitae quaestiones, quas vocari thesis diximus, quibus Cicero iam princeps in re publica exerceri solebat. (12) his confinis est destructio et confirmatio sententiarum. nam cum sit sententia decretum quoddam atque praeceptum, quod de re, idem de iudicio rei quaeri potest. tum loci communes, quos etiam scriptos ab oratoribus scimus. nam qui haec recta tantum et in nullos flexus recedentia copiose tractaverit, utique in illis plures excursus recipientibus magis abundabit eritque in omnis causas gratus: (13) omnes enim generalibus quaestionibus constant. nam quid interest ›Cornelius tribunus plebis, quod codicem legerit, reus sit‹, an quaeramus: ›violeturne maiestas, si magistratus rogationem suam populo ipse recitarit?‹ ›Milo Clodium rectene occiderit‹ veniat in iudicium, an ›oporteatne insidiatorem interfici vel perniciosum rei publicae civem, etiam si non insidietur‹: ›Cato Marciam honestene tradiderit Hortensio‹ an ›conveniatne res talis bono viro‹. de personis iudicatur, sed de rebus contenditur. (14) declamationes vero, quales in scholis rhetorum dicuntur, si modo sunt ad veritatem accommodatae et orationibus similes, non tantum dum adulescit profectus, sunt utilissimae, quae inventionem dis-

kann sich die Unfähigkeit leicht verbergen, da sich von allen Seiten so viele Dinge anbieten, von denen man irgendeines auswerten kann. (11) Dies ist ein Beweis für die Tüchtigkeit: ausführlich darzustellen, was seiner Natur nach beschränkt ist, Geringes zu vergrößern, Ähnlichem Mannigfaltigkeit, Alltäglichem Reiz zu verleihen und viel über weniges treffend zu sagen.

Dafür werden ganz vorzüglich die allgemeinen Fragestellungen geeignet sein, die man, wie gesagt, als θέσεις[137] bezeichnet, in denen sich Cicero auch noch als Erster im Staate zu üben pflegte. (12) Diesen steht die Widerlegung beziehungsweise Begründung von Urteilssprüchen nahe. Da nämlich der Urteilsspruch eine Art Entscheidung und Weisung darstellt, kann hier der Sachverhalt wie auch die Ansicht darüber untersucht werden. Ferner gibt es allgemeine Gesichtspunkte, die, wie wir wissen, auch von den Rednern aufgezeichnet wurden[138]. Denn wer nur diese einfachen, sich in keine Abschweifungen verlierenden Themen ausführlich behandelt, wird zweifellos auch bei jenen, die häufigere Exkurse zulassen, mehr Glück haben und für alle Rechtsfälle geeignet sein: (13) Sie beruhen nämlich alle auf allgemeinen Fragestellungen. Denn was ist schon für ein Unterschied zwischen der Anklage gegen den Volkstribunen Cornelius, weil er den Gesetzesentwurf gelesen habe, und dem Problem, ob die Würde des Beamten verletzt wird, wenn er seinen eigenen Gesetzesantrag persönlich dem Volk vorliest? Ferner zwischen der Untersuchung des Rechtsfalles, ob Milo Clodius mit Recht erschlagen hat oder ob man einen Wegelagerer beziehungsweise gemeingefährlichen Bürger töten darf, auch wenn er nicht gerade auf der Lauer liegt? Und: Ist es sittlich einwandfrei, wenn Cato seine Gattin Marcia dem Hortensius überlassen hat, oder: Schickt sich eine solche Tat für einen Ehrenmann? Man urteilt über Personen, der Streit jedoch geht um die Sache. (14) Auch die Redeübungen, die in Rhetorenschulen gehalten werden, sind unter der Voraussetzung, daß sie der Wirklichkeit entsprechen und echten Reden gleichen, nicht nur, während der Erfolg heranreift,

positionem pariter exercent, sed etiam cum est consummatus ac iam in foro clarus: alitur enim atque enitescit velut pabulo laetiore facundia et adsidua contentionum asperitate fatigata renovatur. (15) quapropter historiae nonnumquam ubertas in aliqua exercendi stili parte ponenda et dialogorum libertate gestiendum. ne carmine quidem ludere contrarium fuerit, sicut athletae, remissa quibusdam temporibus ciborum atque exercitationum certa necessitate, otio et iucundioribus epulis reficiuntur. (16) ideoque mihi videtur M. Tullius tantum intulisse eloquentiae lumen, quod in hos quoque studiorum secessus excurrit. nam si nobis sola materia fuerit ex litibus, necesse est deteratur fulgor et durescat articulus et ipse ille mucro ingenii cotidiana pugna retundatur.

(17) Sed quem ad modum forensibus certaminibus exercitatos et quasi militantis reficit ac reparat haec velut sagina dicendi, sic adulescentes non debent nimium in falsa rerum imagine detineri et inanibus simulacris usque adeo, ut difficilis ab his digressus sit, adsuefacere, ne ab illa, in qua prope consenuerunt, umbra vera discrimina velut quendam solem reformident. (18) quod accidisse etiam M. Porcio Latroni, qui primus clari nominis professor fuit, traditur, ut, cum ei summam in scholis opinionem obtinenti causa in foro esset

überaus wertvoll, da sie ja zugleich eine Übung für die Sammlung und Gliederung des Stoffes[139] darstellen, sondern auch dann noch, wenn der junge Mann sein Studium bereits vollendet und sich auf dem Forum einen Namen gemacht hat; auf diese Weise wird nämlich die Redegabe wie durch reichlichere Nahrung gefördert und auf Glanz gebracht und schöpft, von unablässigen Auseinandersetzungen hart mitgenommen, neue Kraft. (15) Daher muß man in irgendeinem Teilbereich der Stilübungen gelegentlich die Ausdrucksfülle der Geschichtsschreibung berücksichtigen und sich auch in der Ungezwungenheit der Dialoge ergehen. Nicht einmal die spielerische Beschäftigung mit Gedichten dürfte nachteilig sein, so wie die Athleten, wenn ihre strengen Ernährungs- und Trainingsvorschriften von Zeit zu Zeit gelockert werden, in der Muße und bei schmackhafteren Speisen Erholung finden. (16) Und gerade deshalb scheint mir M. Tullius der Rhetorik so viel Glanz verliehen zu haben, weil er seine literarische Tätigkeit auch auf diese entlegeneren Gebiete ausgedehnt hat. Denn wollten wir unseren Stoff ausschließlich den Gerichtsverhandlungen entnehmen, müßte unsere Leuchtkraft nachlassen, die Gelenke steif werden und die Schneide des Geistes selbst im täglichen Kampf abstumpfen.

(17) Doch wie zwar diese, wenn man so sagen darf, ausgiebige Kost der Beredsamkeit die in Wortgefechten auf dem Forum geübten und gewissermaßen Kriegsdienste leistenden Redner stärkt und wiederherstellt, so dürfen sich die jungen Leute nicht allzusehr von dem falschen Schein der Wirklichkeit fesseln lassen und sich in dem Maße an Trugbilder gewöhnen, daß es ihnen dann schwer fiele, von ihnen loszukommen, damit sie nicht, aus dem Schatten kommend, in dem sie fast schon alt geworden sind, vor der echten Bewährungsprobe gleichwie vor dem Sonnenlicht zurückschrecken[140]. (18) Etwas Derartiges widerfuhr, wie man berichtet, auch M. Porcius Latro, dem ersten Rhetorikprofessor[141], der sich einen berühmten Namen gemacht hatte: Als er, in den Schulen bereits hochangesehen, in einem Pro-

oranda, inpense petierit, uti subsellia in basilicam transferrentur. ita illi caelum novum fuit, ut omnis eius eloquentia contineri tecto ac parietibus videretur. (19) quare iuvenis, qui rationem inveniendi eloquendique a praeceptoribus diligenter acceperit (quod non est infiniti operis, si docere sciant et velint), exercitationem quoque modicam fuerit consecutus, oratorem sibi aliquem, quod apud maiores fieri solebat, deligat, quem sequatur, quem imitetur: iudiciis intersit quam plurimis et sit certaminis, cui destinatur, frequens spectator. (20) tum causas vel easdem, quas agi audierit, stilo et ipse componat, vel etiam alias, veras modo, et utrimque tractet et, quod in gladiatoribus fieri videmus, decretoriis exerceatur, ut fecisse Brutum diximus pro Milone. melius hoc quam rescribere veteribus orationibus, ut fecit Cestius contra Ciceronis actionem habitam pro eodem, cum alteram partem satis nosse non posset ex sola defensione.

(21) Citius autem idoneus erit iuvenis, quem praeceptor coegerit in declamando quam simillimum esse veritati et per totas ire materias, quarum nunc facillima et maxime favorabilia decerpunt. obstant huic, quod secundo loco posui, fere turba discipulorum et consuetudo classium certis diebus audiendarum, nonnihil etiam persuasio patrum numerantium potius declamationes quam aestimantium. (22) sed, quod dixi primo, ut arbitror, libro, nec ille se bonus praeceptor maiore numero quam sustinere possit onerabit et nimiam

zeß auf dem Forum reden sollte, bat er dringend, man möge die Bänke in die Basilika[142] schaffen. So ungewöhnlich war für ihn der freie Himmel, daß seine ganze Beredsamkeit von der Zimmerdecke und den vier Wänden begrenzt schien. (19) Daher soll sich der junge Mann, der bei seinen Lehrern die Theorie der Stoffsammlung und des Vortrags gründlich erlernt hat – was keine endlose Aufgabe darstellt, falls jene zu unterrichten wüßten und es auch tun wollten – und sich darin auch einigermaßen geübt zeigt, einen Redner als Führer und Vorbild wählen, wie dies bei unseren Vorfahren üblich war: Er wohne möglichst vielen Gerichtsverhandlungen bei und sei ein eifriger Zuschauer beim Kampf, für den er ausersehen ist. (20) Hierauf soll er entweder dieselben Gerichtsverhandlungen, die er gehört hat, oder auch andere, vorausgesetzt, daß sie der Wirklichkeit entsprechen, schriftlich ausarbeiten, indem er sie von beiderseitigem Standpunkt aus behandelt und sich, wie wir es bei den Gladiatoren sehen, mit echten Waffen übt; dies tat, wie bereits erwähnt[143], Brutus in seiner Rede für Milo. Das ist vorteilhafter, als Repliken auf alte Reden zu verfassen, wie es Cestius gegen Ciceros Verteidigungsrede für denselben (= Milo) unternommen hat, obwohl er sich auf Grund der bloßen Verteidigung kein genaues Bild vom Standpunkt der anderen Partei machen konnte.

(21) Schneller aber wird der junge Mann den Anforderungen entsprechen, wenn ihn der Lehrer verpflichtet, seine Übungsreden möglichst der Wirklichkeit anzupassen und alle Themen vollständig zu behandeln, von denen man derzeit nur die leichtesten und verlockendsten auswählt. Die Erfüllung meiner zweiten Forderung macht jedoch fast immer die große Zahl der Schüler unmöglich sowie die Gewohnheit, sich die Klassen an bestimmten Tagen anzuhören, und nicht zuletzt auch die falsche Einstellung der Väter, die die Redeübungen lieber zählen, statt sie zu bewerten. (22) Der gute Lehrer wird sich daher – dies habe ich, wenn ich mich recht erinnere, schon im ersten Buch gesagt[144] – nicht mit mehr Schülern, als er seinen Kräften zumuten kann, belasten und

loquacitatem recidet, ut omnia, quae sunt in controversia, non, ut quidam volunt, quae in rerum natura, dicantur, et vel longiore potius dierum spatio laxabit dicendi necessitatem vel materias dividere permittet. (23) diligenter effecta plus proderit quam plures inchoatae et quasi degustatae. propter quod accidit ut nec suo loco quidque ponatur, nec illa, quae prima sunt, servent suam legem, iuvenibus flosculos omnium partium in ea, quae sunt dicturi, congerentibus: quo fit ut timentes, ne sequentia perdant, priora confundant.

VI [De cogitatione]

(1) Proxima stilo cogitatio est, quae et ipsa vires ab hoc accipit et est inter scribendi laborem extemporalemque fortunam media quaedam et nescio an usus frequentissimi. nam scribere non ubique nec semper possumus, cogitationi temporis ac loci plurimum est. haec paucis admodum horis magnas etiam causas complectitur: haec, quotiens intermissus est somnus, ipsis noctis tenebris adiuvatur: haec inter medios rerum actus aliquid invenit vacui nec otium patitur. (2) neque vero rerum ordinem modo, quod ipsum satis erat, intra se ipsa disponit, sed verba etiam copulat totamque ita contexit orationem, ut ei nihil praeter manum desit: nam memoriae quoque plerumque inhaerent fidelius quae nulla scribendi securitate laxantur.

jede überflüssige Geschwätzigkeit sofort eindämmen, damit über alle Punkte der Streitfrage, nicht aber, wie manche wollen, über die ganze Welt gesprochen werde; er wird entweder für die vorgeschriebenen Redeübungen eine längere Zeitspanne von mehreren Tagen zur Verfügung stellen, oder wird es erlauben, den Stoff zu teilen. (23) Ein gründlich behandeltes Thema wird wertvoller sein als eine größere Zahl angefangener und oberflächlich gestreifter. Denn dies hat zur Folge, daß nichts an seinen Platz gestellt wird und daß sich die Einleitung nicht an die eigenen Gesetze hält, weil die Schüler zierliche Redensarten aus allen möglichen Bereichen des Themas auf den Punkt zusammentragen, den sie gerade behandeln wollen. So kommt es, daß sie aus Angst, sich das Folgende entgehen zu lassen, die früheren Teile durcheinanderbringen.

VI [Die gedankliche Vorbereitung]

(1) Dem Schreiben folgt als nächstes die gedankliche Vorbereitung, die durch jenes angeregt wird; sie nimmt zwischen Aufsatzübungen und dem Zufallstreffer einer Stegreifrede eine Art Mittelstellung ein und wird vielleicht am häufigsten betrieben. Denn schreiben können wir nicht überall und immer, der Denktätigkeit aber steht sehr viel Zeit und fast jeder Ort zur Verfügung. Sie vermag in ganz wenigen Stunden auch bedeutende Rechtsfälle zu überblicken; sie wird bei jeder Unterbrechung des Schlafes selbst durch die Finsternis der Nacht gefördert; sie findet mitten in der Tätigkeit einen freien Spielraum und duldet kein Nichtstun. (2) Sie setzt bei sich nicht nur die Reihenfolge der einzelnen Punkte fest, was allein schon genügte, sondern verbindet auch Worte miteinander und fügt die Rede zusammen, so daß ihr nichts mehr fehlt als die schriftliche Ausfertigung. Denn gewöhnlich bleiben Dinge, die man nicht im Vertrauen auf die Aufzeichnungen vernachlässigt, treuer im Gedächtnis haften[145].

Sed ne ad hanc quidem vim cogitandi perveniri potest aut subito aut cito. (3) nam primum facienda multo stilo forma est, quae nos etiam cogitantis sequatur: tum adsumendus usus paulatim, ut pauca primum complectamur animo, quae reddi fideliter possint, mox per incrementa tam modica, ut onerari se labor ille non sentiat, augenda vis et exercitatione multa continenda est, quae quidem maxima ex parte memoria constat: ideoque aliqua mihi in illum locum differenda sunt. (4) eo tandem pervenit, ut is, cui non refragetur ingenium, acri studio adiutus tantum consequatur, ut ei tam quae cogitarit quam quae scripserit atque edidicerit in dicendo fidem servent. Cicero certe Graecorum Metrodorum Scepsium et Empylum Rhodium nostrorumque Hortensium tradidit quae cogitaverant ad verbum in agendo rettulisse. (5) Sed si forte aliqui inter dicendum offulserit extemporalis color, non superstitiose cogitatis demum est inhaerendum. neque enim tantum habent curae, ut non sit dandus et fortunae locus, cum saepe etiam scriptis ea, quae subito nata sunt, inserantur. ideoque totum hoc exercitationis genus ita instituendum, ut et digredi ex eo et redire in id facile possimus. (6) nam ut primum est domo adferre paratam dicendi copiam et certam, ita refutare temporis munera longe stultissimum est. quare cogitatio in hoc praeparetur, ut nos fortuna decipere non possit, adiuvare possit. id autem fiet memo-

Doch auch zu dieser Fähigkeit der gedanklichen Vorbereitung kann man weder mit einem Male noch rasch gelangen. (3) Zunächst muß durch unablässige schriftliche Arbeiten die Form erworben werden, die wir auch bei unserer Denktätigkeit nicht aus den Augen verlieren sollen; hierauf müssen wir allmählich darin Übung bekommen, uns zuerst nur wenig einzuprägen, das wortgetreu wiedergegeben werden kann; sodann muß durch mäßige Steigerung, so daß bei jener Bemühung keine zunehmende Belastung verspürt wird, diese Fähigkeit entfaltet und durch fortgesetzte Übung, die größtenteils im Memorieren besteht, erhalten werden; und daher muß ich mir einiges für das entsprechende Kapitel vorbehalten[146]. (4) Das Endergebnis dieser Bemühungen besteht darin, daß derjenige, dem keine mangelhafte Begabung in die Quere kommt, unterstützt durch eifriges Studium, so viel erreicht, daß er sich beim Reden ebenso auf seine Gedanken wie auf das Geschriebene und auswendig Gelernte verlassen kann. Cicero wenigstens berichtete, daß von allen Griechen Metrodoros von Skepsis und Empylos von Rhodos, von den Unseren aber Hortensius alles, was sie sich überlegt hatten, in der Rede Wort für Wort wiedergegeben haben.

(5) Wenn uns aber vielleicht mitten im Vortrag blitzartig eine treffende Wendung in den Sinn kommt, sollten wir nicht allzu ängstlich nur an den vorbereiteten Formulierungen kleben. Denn keine Vorbereitung ist so gründlich, daß man nicht auch einen plötzlichen Einfall berücksichtigen könnte, da ja oft auch in die schriftlichen Arbeiten unversehens aufkommende Gedanken eingefügt werden. Darum muß diese ganze Übungsmethode so gehandhabt werden, daß wir von ihrem Ergebnis leicht abweichen und wieder zu ihm zurückkehren können. (6) Es bleibt zwar die Hauptsache, einen vorbereiteten und gesicherten Wortschatz von Hause mitzubringen, doch die Geschenke des Augenblicks zurückzuweisen wäre wiederum ganz töricht. So sei das Ziel der Gedankenarbeit dies, daß uns der Zufall nicht aus der Fassung bringen, wohl aber uns helfen kann. Die Leistung

riae viribus, ut illa, quae complexi animo sumus, fluant secura, non sollicitos et respicientes et una spe suspensos recordationis non sinant providere: alioquin vel extemporalem temeritatem malo quam male cohaerentem cogitationem. (7) peius enim quaeritur retrorsus, quia, dum illa desideramus, ab aliis avertimur et ex memoria potius res petimus quam ex materia. plura sunt autem, si utrimque quaerendum est, quae inveniri possunt quam quae inventa sunt.

VII [Quem ad modum extemporalis facilitas paretur et contineatur]

(1) Maximus vero studiorum fructus est et velut proventus quidam plenus longi laboris ex tempore dicendi facultas, quam qui non erit consecutus, mea quidem sententia civilibus officiis renuntiabit et solam scribendi facultatem potius ad alia opera convertet. vix enim bonae fidei viro convenit auxilium in publicum polliceri, quod praesentissimis quibusque periculis desit, intrare portum, ad quem navis accedere nisi lenibus ventis vecta non possit: (2) siquidem innumerabiles accidunt subitae necessitates vel apud magistratus vel repraesentatis iudiciis continuo agendi. quarum si qua, non dico cuicumque innocentium civium, sed amicorum ac propinquorum alicui evenerit, stabitne mutus et salutarem petentibus vocem statimque, si non succurratur, perituris moras et secessum et

des Gedächtnisses wird jedoch darin bestehen, daß unser Entwurf beim Vortrag ungetrübt bleibt, nicht aber, daß er uns, indem wir besorgt sind und zurückblicken und ängstlich nur ja nichts zu vergessen hoffen, hindert, unser Augenmerk auf das Kommende zu richten. Andernfalls ziehe ich eine Stegreifrede auf gut Glück der überlegten, aber unzusammenhängenden vor. (7) Mißlicher ist nämlich ein rückwärtsgerichtetes Suchen, weil wir, während wir die vorbereiteten Gedanken zu erhaschen trachten, von anderem abgelenkt werden und den Stoff lieber aus der Erinnerung als aus dem Gegenstand selbst schöpfen. Wenn man aber in beiden Richtungen zu forschen hat, so gibt es mehr Dinge, die man finden kann, als solche, die bereits gefunden sind.

VII [Die Aneignung und Erhaltung der Gewandtheit in der Stegreifrede]

(1) Der größte Gewinn des Studiums und gleichsam der volle Ertrag der langen Mühe ist die Fähigkeit der Stegreifrede; wer diese nicht erlangt, wird – wenigstens meiner Ansicht nach – den bürgerlichen Pflichten[147] entsagen müssen und seine schriftstellerische Begabung besser anderen Aufgaben widmen. Es ist nämlich mit einem gewissenhaften Mann kaum vereinbar, der Öffentlichkeit Hilfe zu versprechen, die gerade in den kritischsten Augenblicken auf sich warten läßt, oder in einen Hafen zu steuern, dem sich sein Schiff nur bei leichter Brise nähern kann[148]; (2) ergeben sich doch ganz plötzlich unzählige Situationen, die ein unverzügliches Auftreten, sei es vor den Behörden, sei es bei unvorhergesehenen Gerichtsverhandlungen, erfordern. Stellt sich eine solche Notlage ein, ich sage nicht, bei einem beliebigen unbescholtenen Bürger, sondern bei irgendeinem Freund oder Verwandten, wird er da stumm stehen und, während sie ihn um seine rettende Stimme anflehen und ohne Beistand ihrem sicheren Untergang entgegensehen, für sich Auf-

silentium quaeret, dum illa verba fabricentur et memoriae insidant et vox ac latus praeparetur? (3) quae vero patitur hoc ratio, ut quisquam possit orator aliquando omittere casus? quid, cum adversario respondendum erit, fiet? nam saepe ea, quae opinati sumus et contra quae scripsimus, fallunt, ac tota subito causa mutatur, atque ut gubernatori ad incursus tempestatium, sic agenti ad varietatem causarum ratio mutanda est. (4) quid porro multus stilus et adsidua lectio et longa studiorum aetas facit, si manet eadem quae fuit incipientibus difficultas? perisse profecto confitendum est praeteritum laborem, cui semper idem laborandum est. neque ego hoc ago, ut ex tempore dicere malit, sed ut possit. id autem maxime hoc modo consequemur.

(5) Nota sit primum dicendi via: neque enim prius contingere cursus potest quam scierimus, quo sit et qua perveniendum. nec satis est non ignorare quae sint causarum iudicialium partes, aut quaestionum ordinem recte disponere, quamquam ista sunt praecipua, sed quid quoque loco primum sit ac secundum et deinceps: quae ita sunt natura copulata, ut mutari aut intervelli sine confusione non possint. (6) quisquis autem via dicet, utetur ante omnia rerum ipsa serie velut duce, propter quod homines etiam modice exercitati facillime tenorem in narrationibus servant. deinde,

schub, Abgeschlossenheit und Stille fordern, bis er sich jene Worte mühsam zurechtlegt, sie dem Gedächtnis einprägt und seine Stimme und Atemtechnik instandsetzt? (3) Welche Theorie gestattet es einem Redner, gelegentliche Zwischenfälle einfach zu übergehen? Und was wird geschehen, wenn er dem Widersacher Rede und Antwort stehen muß? Denn oft verfehlen unsere Erwartungen und schriftlich vorbereiteten Entgegnungen ihr Ziel, und der ganze Fall nimmt plötzlich eine unvorhergesehene Wendung: Wie der Steuermann den Windstößen, so muß der Anwalt seine Verhaltensmaßregeln der Vielseitigkeit der Rechtsfälle entsprechend ändern. (4) Was nützen ferner die vielen schriftlichen Übungen, die eifrige Lektüre und lange Studienzeit, wenn die Schwierigkeiten, mit denen man am Anfang kämpfte, immer die gleichen bleiben? Wer immer mit denselben Problemen beschäftigt ist, muß in der Tat zugeben, daß alle seine vergangenen Bemühungen vergeblich waren. Damit will ich allerdings nicht erreichen, daß er lieber unvorbereitet sprechen möchte, sondern nur, daß er dazu imstande sei. Diese Fähigkeit aber werden wir am besten auf folgende Weise erlangen:

(5) Man vergegenwärtige sich zunächst den Gang der Ausführungen: Der Wettlauf kann uns nämlich nicht gelingen, bevor wir wissen, was unser Ziel ist und wie wir es erreichen sollen. Es genügt jedoch nicht, die Teile der Gerichtsrede gründlich zu kennen und die Reihenfolge der Streitfragen richtig festzulegen – was zwar von größter Bedeutung ist –, sondern man muß sich auch im klaren sein, was an jeder Stelle als erstes, was als zweites kommt und so fort; diese Einzelheiten sind durch die Natur der Sache so fest miteinander verbunden, daß sie ohne Störung des Zusammenhanges weder vertauscht noch aus dem Ganzen herausgerissen werden können. (6) Jeder aber, der methodisch spricht, wird sich in erster Linie von der Reihenfolge, die sich aus dem Sachverhalt von selbst ergibt, gleichsam leiten lassen, weshalb auch weniger geübte Menschen in ihren Erzählungen den Zusammenhang mühelos wahren. Ferner[149] wird man

quid quoque loco quaerant, scient, nec circumspectabunt nec offerentibus se aliunde sensibus turbabuntur nec confundent ex diversis orationem velut salientes huc illuc nec usquam insistentes. postremo habebunt modum et finem, qui esse citra divisionem nullus potest, (7) ⟨et⟩ expletis pro facultate omnibus, quae proposuerint, pervenisse se ad ultimum sentient.

Et haec quidem ex arte, illa vero ex studio ut copiam sermonis optimi, quem ad modum praeceptum est, comparemus, multo ac fideli stilo sic formetur oratio, ut scriptorum colorem, etiam quae subito effusa sint, reddant, ut, cum multa scripserimus, etiam multa dicamus. (8) nam consuetudo et exercitatio facilitates maxime parit: quae si paulum intermissa fuerit, non velocitas illa modo tardatur, sed ipsum ⟨os⟩ coit atque concurrit. quamquam enim opus est naturali quadam mobilitate animi, ut, dum proxima dicimus, struere ulteriora possimus semperque nostram vocem provisa et formata cogitatio excipiat. (9) vix tamen aut natura aut ratio in tam multiplex officium diducere animum queat, ut inventioni, dispositioni, elocutioni, ordini rerum verborumque, tum iis, quae dicit, quae subiuncturus est, quae ultra spectanda sunt, adhibita vocis, pronuntiationis, gestus observatione una sufficiat. (10) longe enim praecedat oportet intentio ac prae se res agat, quantumque dicendo

wissen müssen, was bei jedem einzelnen Punkt zu erörtern ist, und nicht ängstlich nach allen Seiten Ausschau halten oder sich durch Einfälle, die nicht zum Thema gehören, aus der Fassung bringen lassen; man wird es auch vermeiden, eine Rede aus lauter Ungereimtheiten zusammenzustückeln, als würde man rastlos umherspringen. Schließlich wird man auch Maß und Ziel einhalten, was ohne Einteilung nicht möglich ist, (7) und wenn man sein Vorhaben nach Kräften ausgeführt hat, wird man auch spüren, daß man am Ende angelangt ist.

Das eben Gesagte ergibt sich aus der Theorie, jenes andere aber, daß wir uns nämlich, wie bereits empfohlen, einen Vorrat der besten Ausdrücke erwerben sollen, aus der eigenen Tätigkeit[150]; durch unablässige und gewissenhafte Aufsatzübungen möge unsere Beredsamkeit so ausgebildet werden, daß auch eine rasch hingeworfene Rede die Färbung des geschriebenen Wortes wiedergibt und daß wir, wenn wir viel geschrieben haben, auch viel sagen können. (8) Denn geschickte Wendungen[151] sind hauptsächlich das Ergebnis der Gewöhnung und Übung: Wenn man damit nur ein wenig ausgesetzt hat, läßt nicht nur die Geläufigkeit nach, sondern der Mund verstummt überhaupt und bringt keinen Laut hervor. Obwohl wir nämlich eine natürliche geistige Wendigkeit brauchen, damit wir, während wir das Nächstliegende sagen, in der Lage sind, uns das Weitergehende zurechtzulegen, und damit sich dem Wort immer ein im voraus entworfener und geformter Gedanke anschließt, (9) ist es der Naturbegabung und Theorie doch kaum möglich, die Aufmerksamkeit gleichzeitig auf so vielfältige Aufgaben zu lenken, daß sie der Stoffsammlung, Gliederung, dem Stil, der Anordnung des Inhalts und der Worte, ferner dem eben Gesprochenen und unmittelbar Folgenden sowie dem, was darüber hinaus in Betracht kommt, und dies unter Beobachtung der Stimme, des Vortrags und Gebärdenspiels, auf einmal Rechnung tragen könnte. (10) Die Denktätigkeit muß nämlich weit vorangehen und den Lauf der Dinge bestimmen, und der Gedankenvorrat möge in dem Maße, wie er

consumitur, tantum ex ultimo prorogetur, ut, donec perveniamus ad finem, non minus prospectu procedamus quam gradu, si non intersistentes offensantesque brevia illa atque concisa singultantium modo eiecturi sumus.

(11) Est igitur usus quidam inrationalis, quam Graeci ἄλογον τριβήν vocant, qua manus in scribendo decurrit, qua oculi totos simul in lectione versus flexusque eorum et transitus intuentur et ante sequentia vident quam priora dixerunt. quo constant miracula illa in scaenis pilariorum ac ventilatorum, ut ea, quae emiserint, ultro venire in manus credas et qua iubentur decurrere. (12) sed hic usus ita proderit, si ea, de qua locuti sumus, ars antecesserit, ut ipsum illud, quod in se rationem non habet, in ratione versetur. nam mihi ne dicere quidem videtur nisi qui disposite, ornate, copiose dicit, sed tumultuari. (13) nec fortuiti sermonis contextum mirabor umquam, quem iurgantibus etiam mulierculis videamus superfluere, cum eo quod, si calor ac spiritus tulit, frequenter accidit ut successum extemporalem consequi cura non possit. (14) deum tunc adfuisse, cum id evenisset, veteres oratores, ut Cicero dicit, aiebant, sed ratio manifesta est. nam bene concepti adfectus et recentes rerum imagines continuo impetu feruntur, quae nonnumquam mora stili refrigescunt et dilatae non revertuntur. utique vero, cum infelix illa verborum cavillatio accessit et cursus ad singula vestigia

beim Vortrag ausgeschöpft wird, aus dem, was noch zu sagen übrigbleibt, ergänzt werden, so daß unser geistiger Blick bis zum Ende im gleichen Verhältnis vorauseilt, wie unsere Rede fortschreitet, falls wir nicht mitten im Satz abbrechend und stockend, wie Keuchende[152] jene abgerissenen kurzen Wortfetzen ausstoßen wollen.

(11) Es gibt demnach eine gewisse mechanische Fertigkeit, die die Griechen ἄλογος τριβή (= irrationale Übung) nennen, mit deren Hilfe die Hand beim Schreiben unentwegt weitereilt und die Augen beim Lesen gleichzeitig die Zeilen und ihre Wendungen und Übergänge erfassen und eher das Folgende sehen, als sie das Frühere gelesen haben[153]. Darin bestehen auch jene Tricks der Jongleure und Gaukler, daß man den Eindruck hat, die in die Luft geworfenen Gegenstände kämen von selbst wieder in ihre Hand und legten die ihnen vorgeschriebene Bahn zurück. (12) Doch diese Fertigkeit wird nur dann sinnvoll sein, wenn ihr die bereits besprochene theoretische Ausbildung vorausgegangen ist, damit sich auch das, was an und für sich keinen vernünftigen Grund hat, im Rahmen eines methodischen Systems bewege. Denn in meinen Augen ist jemand, der nicht wohlgeordnet, kunstvoll und ausdrucksreich spricht, kein Redner, sondern ein Schwätzer. (13) Und ich werde niemals einen improvisierten Redeschwall bewundern, den wir auch bei schimpfenden Weibern bis zum Überdruß beobachten können, obgleich es nicht selten vorkommt, daß eine sorgfältige Vorbereitung den Erfolg einer von Leidenschaft und Begeisterung getragenen Stegreifrede nicht erreichen kann. (14) Ein Gott sei bei einem solchen Ereignis zugegen gewesen, pflegten nach den Worten Ciceros die alten Redner zu sagen[154], doch der Grund dafür liegt klar auf der Hand. Denn tief empfundene Gefühle und unmittelbare Vorstellungen werden von einem nicht abreißenden Schwung getragen, sie erkalten hingegen bisweilen beim zögernden Schreiben und kehren, hinausgeschoben, nicht wieder. Wenn aber noch jene unglückselige Wortklauberei dazukommt und der Lauf bei jedem Schritt stecken bleibt, kann die Rede keinesfalls die nötige Durch-

restitit, non potest ferri contorta vis, sed, ut optime vocum singularum cedat electio, non continua, sed composita est. (15) Quare capiendae sunt illae, de quibus dixi, rerum imagines, quas vocari φαντασίας indicavimus, omniaque, de quibus dicturi erimus, personae, quaestiones, spes, metus, habenda in oculis, in adfectus recipienda: pectus est enim, quod disertos facit, et vis mentis. ideoque imperitis quoque, si modo sunt aliquo adfectu concitati, verba non desunt. (16) tum intendendus animus, non in aliquam rem unam, sed in plures simul continuas, ut, si per aliquam rectam viam mittamus oculos, simul omnia, quae sunt in ea circaque, intuemur, non ultimum tantum videmus, sed usque ad ultimum. addit ad dicendum etiam pudor stimulos, mirumque videri potest, quod, cum stilus secreto gaudeat atque omnis arbitros reformidet, extemporalis actio auditorum frequentia, ut miles congestu signorum, excitatur. (17) namque et difficiliorem cogitationem exprimit et expellit dicendi necessitas, et secundos impetus auget placendi cupido. adeo pretium omnia spectant, ut eloquentia quoque, quamquam plurimum habeat in se voluptatis, maxime tamen praesenti fructu laudis opinionisque ducatur. (18) nec quisquam tantum fidat ingenio, ut id sibi speret incipienti statim posse contingere, sed, sicut in cogitatione praecepimus, ita facilitatem quoque extemporalem a parvis initiis paulatim perducemus ad summam, quae neque perfici neque contineri nisi usu potest. (19) ceterum pervenire eo debet, ut cogitatio non

schlagskraft erzielen, sondern ist, mag auch die Wahl einzelner Wörter noch so gut gelingen, nicht wie aus einem Guß, sondern ein Flickwerk.
(15) Daher sind jene von mir bereits erwähnten Vorstellungen von Dingen, die man, wie gesagt, als φαντασίαι bezeichnet[155], festzuhalten und alles, worüber wir zu sprechen beabsichtigen, wie Personen, Fragestellungen, Hoffnungen und Befürchtungen ins Auge zu fassen und in unser Herz zu schließen; denn das Gefühl und unsere Denkkraft machen uns zu Rednern. Daher fehlen auch den Laien, wenn sie nur von einer Leidenschaft getrieben sind, die Worte nicht. (16) Ferner muß die Aufmerksamkeit nicht auf einen einzigen Gegenstand, sondern auf eine ganze Reihe davon gleichzeitig gerichtet werden, wie wir, wenn wir unsere Augen über einen geraden Weg gleiten lassen, alles, was sich auf ihm und an seinen beiden Seiten befindet, zugleich erblicken, und nicht nur sein Ende, sondern die ganze Strecke bis zum Ende sehen. Auch das Ehrgefühl wird uns zum Reden anspornen, und es kann auffallend erscheinen, daß eine Stegreifrede, während man beim Schreiben gerne für sich allein ist und alle Augenzeugen fürchtet, durch ein zahlreiches Publikum, wie der Soldat angesichts der dichtgedrängten Banner, angefeuert wird. (17) Denn auch einen schwierigeren Gedanken bringt zum Ausdruck und treibt mächtig voran der Redezwang, und einen geglückten Schwung beflügelt noch das Verlangen zu gefallen. So sehr ist alles auf die Belohnung ausgerichtet, daß sich sogar die Beredsamkeit, mag sie auch den größten Genuß in sich selbst finden, dennoch von den augenblicklichen Beifallskundgebungen und der Anerkennung angezogen fühlt. (18) Doch niemand möge seinem Talent in dem Maße vertrauen, daß er sich erhoffte, dies könne ihm gleich zu Beginn gelingen; sondern wie unsere Ratschläge für die Denktätigkeit lauteten, so werden wir auch die Gewandtheit in der Stegreifrede von kleinen Anfängen allmählich zur Vollendung führen, die nur durch Übung erreicht und erhalten werden kann. (19) Der Redner muß übrigens so weit kommen, daß die

utique melior sit ea, sed tutior, cum hanc facilitatem non in prosa modo multi sint consecuti, sed etiam in carmine, ut Antipater Sidonius et Licinius Archias: credendum enim Ciceroni est, non quia nostris quoque temporibus non et fecerint quidam hoc et faciant. quod tamen non ipsum tam probabile puto (neque enim habet aut usum res aut necessitatem) quam exhortandis in hanc spem, qui foro praeparantur, utile exemplum. (20) neque vero tanta sit umquam fiducia facilitatis, ut non breve saltem tempus, quod nusquam fere deerit, ad ea, quae dicturi sumus, dispicienda sumamus, quod quidem in iudiciis ac foro datur semper: neque enim quisquam est, qui causam, quam non didicerit, agat. (21) declamatores quosdam perversa ducit ambitio, ut exposita controversia protinus dicere velint, quin etiam, quod est in primis frivolum ac scaenicum, verbum petant, quo incipiant. sed tam contumeliosos in se ridet invicem eloquentia, et qui stultis videri eruditi volunt, stulti eruditis videntur. (22) si qua tamen fortuna tam subitam fecerit agendi necessitatem, mobiliore quodam opus erit ingenio, et vis omnis intendenda rebus et in praesentia remittendum aliquid ex cura verborum, si consequi utrumque non dabitur. tum et tardior pronuntiatio moras habet et suspensa ac velut dubitans oratio, ut tamen deliberare, non haesitare videamur. (23) hoc, dum egredimur e portu, si nos nondum aptatis satis armamentis aget ventus, deinde paulatim simul euntes aptabimus vela et

durchdachte Rede nicht unbedingt besser sei als die unvorbereitete, sondern nur sicherer, da diese Geläufigkeit viele nicht nur in der Prosa erreicht haben, sondern sogar in der Poesie, wie zum Beispiel Antipater von Sidon und Licinius Archias: Man muß nämlich Cicero glauben, ohne deshalb sagen zu wollen, daß auch zu unserer Zeit einige dies nicht geleistet hätten und es auch noch leisten. Doch halte ich diese Fähigkeit an sich für nicht so wertvoll – denn die Sache ist weder sehr verbreitet noch besonders notwendig –, vielmehr sehe ich darin ein brauchbares Beispiel, das die angehenden Redner zu dieser Hoffnung ermutigen soll. (20) Allerdings darf das Vertrauen in diese Gewandtheit niemals so groß sein, daß wir uns nicht wenigstens eine kurze Zeit – woran es uns in der Regel bei keiner Gelegenheit mangeln wird – nehmen, um zu überlegen, was wir sagen wollen. Bei Prozessen auf dem Forum jedenfalls ist das immer möglich; denn niemand spricht vor Gericht, ohne den Rechtsfall gründlich kennengelernt zu haben. (21) Manche Vortragskünstler veranlaßt ein falscher Ehrgeiz, sogleich nach der Darlegung der Streitfrage mit ihrer Rede beginnen zu wollen; ja noch mehr: sie lassen sich, was besonders albern und theatralisch ist, das Wort angeben, mit dem sie beginnen sollen. Allein die Redekunst lacht ihrerseits über jene, die so beleidigend gegen sie vorgehen, und alle, die den Einfältigen gebildet erscheinen wollen, scheinen den Gebildeten einfältig zu sein. (22) Doch wenn sich ganz zufällig eine so plötzliche Notwendigkeit für eine Rede ergibt, wird eine größere geistige Beweglichkeit zweckmäßig sein, und man wird seine ganze Kraft dem Gegenstand widmen müssen und für den Augenblick etwas weniger Sorgfalt auf die Wortwahl verwenden, wenn beides zu erzielen unmöglich sein sollte. Dann läßt ein langsamerer Vortrag wie auch eine gleichsam nachdenkliche und zögernde Sprechweise Pausen zu, allerdings so, daß wir zu überlegen, nicht aber verlegen zu sein scheinen. (23) Und dies wird der Fall sein, während wir aus dem Hafen auslaufen, wenn uns der Wind weitertreibt, bevor unser Schiff noch richtig aufgetakelt wurde; hierauf aber

disponemus rudentes et impleri sinus optabimus. id potius, quam se inani verborum torrenti dare quasi tempestatibus quo volent auferendum.

(24) Sed non minore studio continetur haec facultas quam paratur: ars enim semel percepta non carpitur, stilus quoque intermissione paulum admodum de celeritate deperdit: promptum hoc et in expedito positum exercitatione sola continetur. hac uti sic optimum est, ut cotidie dicamus audientibus pluribus, maxime de quorum simus iudicio atque opinione solliciti: rarum est enim, ut satis se quisque vereatur. vel soli tamen dicamus potius quam non omnino dicamus. (25) est alia exercitatio cogitandi totasque materias vel silentio (dum tamen quasi dicat intra ipsum) persequendi, quae nullo non et tempore et loco, quando non aliud agimus, explicari potest, et est in parte ⟨maioris⟩ utilitatis quam haec proxima: (26) diligentius enim componitur quam ⟨in⟩ illa, in qua contextum dicendi intermittere veremur. rursus in alia plus prior confert, vocis firmitatem, oris facilitatem, motum corporis, qui et ipse, ut dixi, excitat oratorem et iactatione manus, pedis supplosione, sicut cauda leones facere dicuntur, hortatur. (27) studendum vero semper et ubique. neque enim fere tam est ullus dies occupatus, ut nihil lucrativae, ut Cicero Brutum facere tradit, operae ad scribendum aut legendum aut dicendum rapi aliquo momento temporis possit: siquidem C. Carbo etiam in tabernaculo

werden wir uns während der Fahrt allmählich segelfertig machen, die Taue in Ordnung bringen und wünschen, daß der Wind die Segel fülle. Dies ist vorteilhafter, als sich einem nichtssagenden Wortschwall zu überlassen, um gleichsam von willkürlichen Sturmgewalten fortgerissen zu werden.

(24) Doch es bedarf einer nicht geringeren Bemühung, sich diese Fähigkeit zu erhalten, als sie zu erwerben. Die einmal beherrschte Theorie wird zwar nicht verbraucht, und auch die Geläufigkeit im Schreiben büßt durch Unterbrechung nur wenig von ihrem Tempo ein. Ihre Bereitschaft und Einsatzfähigkeit können jedoch nur durch Übung aufrechterhalten werden. Diese erfolgt am besten so, daß wir täglich vor mehreren Zuhörern sprechen, hauptsächlich vor solchen, an deren Urteil und Meinung uns etwas liegt; selten kommt es nämlich vor, daß man auf sich selbst genügend Rücksicht nimmt. Auf jeden Fall aber sollen wir lieber allein reden als überhaupt nicht. (25) Es gibt noch eine andere Übungsmöglichkeit, die im bloßen Nachdenken besteht, das heißt darin, daß man alle Themen schweigend – indem man gleichsam bei sich selbst spricht – durchgeht; diese Methode kann zu jeder Zeit und an jedem Ort, wenn wir nicht etwas anderes tun, angewandt werden und ist zum Teil nützlicher als die eben besprochene. (26) Man achtet nämlich sorgfältiger auf den Satzbau als bei jener, wo wir uns scheuen, den Zusammenhang der Rede zu unterbrechen. Zu anderem wiederum trägt die erstgenannte mehr bei, und zwar fördert sie die Festigkeit der Stimme, die Leichtigkeit der Aussprache und das Gebärdenspiel, das ebenfalls, wie bereits erwähnt[156], den Redner anfeuert und durch Handbewegungen und das Aufstampfen mit dem Fuß, wie es angeblich die Löwen mit ihrem Schweif machen, ermuntert. (27) Studieren aber muß man immer und überall. Denn fast kein Tag ist so mit Beschlag belegt, daß man nicht in irgendeinem Augenblick rasch etwas gewinnbringende Arbeit, wie es nach Ciceros Bericht Brutus tat[157], dem Schreiben, Lesen oder Sprechen widmen könnte; pflegte sich doch C. Carbo im Kriegszelt

solebat hac uti exercitatione dicendi. (28) ne id quidem tacendum est, quod eidem Ciceroni placet, nullum nostrum usquam neglegentem esse sermonem: quidquid loquemur ubicumque, sit pro sua scilicet portione perfectum. scribendum certe numquam est magis, quam cum multa dicemus ex tempore. ita enim servabitur pondus et innatans illa verborum facilitas in altum reducetur, sicut rustici proximas vitis radices amputant, quae illam in summum solum ducunt, ut inferiores penitus descendendo firmentur. (29) ac nescio an si utrumque cum cura et studio fecerimus, invicem prosit, ut scribendo dicamus diligentius, dicendo scribamus facilius. scribendum ergo, quotiens licebit, si id non dabitur, cogitandum: ab utroque exclusi debent tamen in id exercere, ut neque deprensus orator neque litigator destitutus esse videatur.

(30) Plerumque autem multa agentibus accidit, ut maxime necessaria et utique initia scribant, cetera, quae domo adferunt, cogitatione complectantur, subitis ex tempore occurrant: quod fecisse M. Tullium commentariis ipsius apparet. sed feruntur aliorum quoque et inventi forte, ut eos dicturus quisque composuerat, et in libros digesti, ut causarum, quae sunt actae a Servio Sulpicio, cuius tres orationes extant: sed hi, de quibus loquor, commentarii ita sunt exacti, ut ab ipso mihi in memoriam posteritatis videantur esse compositi. (31) nam Ciceronis ad praesens modo tempus aptatos liber-

auf diese Weise im Reden zu üben. (28) Auch das darf nicht verschwiegen werden, was ebenfalls Cicero für wichtig hält[158], daß nämlich unser sprachlicher Ausdruck in keinem Fall nachlässig sein möge; alles, was wir sagen, und wo immer wir es sagen, sei – natürlich den Umständen entsprechend – vollkommen. Gewiß aber sind schriftliche Übungen niemals unerläßlicher, als wenn wir viel aus dem Stegreif zu reden haben. Auf diese Weise wird nämlich das Gewicht (des gesprochenen Wortes) gewahrt werden und die oberflächliche Redegewandtheit an Tiefe gewinnen: so wie die Bauern die ganz oben liegenden Wurzeln des Weinstockes, die ihn an die Oberfläche ziehen, abschneiden, damit die unteren tief in das Erdreich eindringen und gefestigt werden. (29) Und wenn wir beides mit Sorgfalt und Eifer betreiben, dann wird wohl das eine dem anderen zugutekommen, so daß wir uns durch das Schreiben gewählter ausdrücken und durch das Reden beim Schreiben leichter tun. Schreiben soll man daher, sooft dies möglich ist; gibt es dazu keine Gelegenheit, wird man sich in Gedanken üben; wer an beidem gehindert ist, muß wenigstens darauf hinarbeiten, daß weder er als Anwalt in die Enge getrieben, noch sein Klient im Stich gelassen erscheine.

(30) Am häufigsten aber kommt es bei denen, die viele Gerichtsverhandlungen haben, vor, daß sie das Nötigste, und zwar auf jeden Fall den Anfang, schriftlich niederlegen, das übrige aber, was sie von Hause mitbringen, gedanklich festhalten und unvorhergesehenen Situationen aus dem Stegreif begegnen. Dies tat, wie es aus seinen eigenen Aufzeichnungen hervorgeht, auch M. Tullius. Doch auch von anderen sind solche Aufzeichnungen im Umlauf, und zwar teils zufällig gefundene, wie jeder sie unmittelbar vor seiner Rede verfaßt hatte, teils nach Büchern geordnete, wie zum Beispiel von Gerichtsverhandlungen, die Servius Sulpicius führte, von dem drei Reden erhalten sind. Allerdings sind die Notizen, von denen ich spreche[159], so ausgearbeitet, daß es mir scheint, als seien sie von ihm selbst bewußt für die Nachwelt verfaßt worden. (31) Die des Cicero hingegen,

tus Tiro contraxit: quos non ideo excuso, quia non probem, sed ut sint magis admirabiles. in hoc genere prorsus recipio hanc brevem adnotationem libellosque, qui vel manu teneantur et ad quos interim respicere fas sit. (32) illud, quod Laenas praecipit, displicet mihi, vel in his, quae scripserimus, summas in commentarium et capita conferre. facit enim ediscendi neglegentiam haec ipsa fiducia et lacerat ac deformat orationem. ego autem ne scribendum quidem puto, quod non simus memoria persecuturi: nam hic quoque accidit, ut revocet nos cogitatio ad illa elaborata nec sinat praesentem fortunam experiri. (33) sic anceps inter utrumque animus aestuat, cum et scripta perdidit et non quaerit nova. sed de memoria destinatus est libro proximo locus nec huic parti subiungendus, quia sunt alia prius nobis dicenda.

die nur für den augenblicklichen Bedarf angefertigt wurden, hat sein Freigelassener Tiro gesammelt. Ich entschuldige sie nicht deshalb, weil ich sie nicht billigte, sondern damit man sie noch mehr bewundere. In diesem Zusammenhang gestatte ich ohne weiteres den Gebrauch solcher kurzer Anmerkungen in Form von Notizen, daß man sie auch in der Hand halten kann und gelegentlich einen Blick hineinwerfen darf. (32) Was dagegen Laenas empfiehlt, findet nicht meine Zustimmung, daß wir nämlich auch dann, wenn es sich um bereits schriftlich ausgearbeitete Reden handelt, die Hauptpunkte davon, nach Kapiteln eingeteilt, in ein Anmerkheft eintragen sollen[160]. Denn gerade die Tatsache, daß man sich darauf verläßt, führt zur Nachlässigkeit im Auswendiglernen und zerstückelt und verunstaltet die Rede. Ich glaube sogar, daß es nicht einmal einen Sinn hat, niederzuschreiben, was wir uns nicht einprägen wollen. Denn da kommt es vor, daß uns der Gedanke zum ausgearbeiteten Entwurf zurückruft und uns nicht gestattet, einem glücklichen Einfall des Augenblicks zu folgen. (33) So schwankt unser Geist unschlüssig zwischen den beiden Möglichkeiten, wenn er das Geschriebene vergessen hat und sich Neues nicht zu verschaffen weiß. Doch der Gedächtnisbildung ist im nächsten Buch ein Kapitel gewidmet, das diesem Abschnitt noch nicht angeschlossen werden kann, weil wir vorher noch anderes zu sagen haben.

Zum Text

Der lateinische Text folgt der Ausgabe M. Fabi Quintiliani Institutionis oratoriae libri XII. Ed. L. Radermacher. Addenda et corrigenda collegit ed adiecit V. Buchheit. Leipzig, Teubner 1959. Er weicht an folgenden Stellen von ihr ab (B = Lesarten aus den Addenda et corrigenda von Buchheit; W = Lesarten der Ausgabe von Winterbottom – s. Literaturhinweise. Die nicht gekennzeichneten Abweichungen stammen aus Radermachers textkritischem Apparat.):

	Radermacher:	*Vorliegender Text:*
1, 12	est ** et »pressi . . .«	est »et pressi . . .« (W)
1, 16	imagine ambigua	imagine et ambitu
1, 38	quiqui convivebant	qui quidem tum vivebant (W)
1, 44	levis	lenis (W)
1, 52	mediocri genere	medio genere (W)
1, 54	[poetarum iudicium]	, poetarum iudices, (W)
1, 83	eloquendi vi ac suavitate	eloquendi [usu] suavitate (W)
1, 88	ad hanc, de qua	ad hoc, de quo (W Beistrich vom Übersetzer)
1, 94	non labor	nisi labor (W)
1,115	qui [Ciceronem] crederent	qui Ciceroni crederent (W)
1,128	tractavit etiam	tractavit enim (B)
2, 8	nulla mansit	nulla sit (W)
2, 15	a doctis inter ipsos etiam mutuo reprehensa	a doctis, inter ipsos (W) etiam mutuo, reprehensa (der zweite Beistrich vom Übersetzer)
2, 17	Atticis [scilicet], qui praecisis conclusionibus ** obscuri	Atticis; scilicet [qui] praecisis conclusionibus obscuri (W)
2, 20	est 〈maturo〉 naturam suam fingere,	est naturam suam fingere. (W)
5, 11	virtut 〈is iustum〉 indicium	virtutis indicium (W)
7, 1	† primus quidam plius	proventus quidam plenus (B)
7, 18	praecipimus	praecepimus
7, 19	felicitatem	facilitatem (W)
7, 25	quom modo non	quando non (W)

Anmerkungen

Eingeklammerte Hinweise (Peterson, Bassi) beziehen sich auf die diesbezüglichen Kommentare (s. Literaturhinweise). Für die Personennamen s. alphabetisches Verzeichnis der Eigennamen.

1 Das vorausgegangene neunte Buch behandelt die rhetorischen Figuren, ferner die künstlerische Komposition, Struktur und den Rhythmus der Rede.

2 Gemeint sind die in unserem Buch (1, 46 ff.) behandelten Autoren, die der angehende Redner gelesen haben muß.

3 Sprichwörtlich; vgl. Vergil, georg. II 507 und Aen. VI 610.

4 Der Vergleich des Redners mit einem Athleten oder Soldaten ist bei Quintilian nicht selten.

5 Die literarische Gattung des Jambus (derbe Spott- und Schmähgedichte im jambischen Versmaß) wurde von Archilochos von Paros begründet (s. Verzeichnis der Eigennamen).

6 Anspielung auf eine von Herodot (II 2) erzählte Geschichte.

7 *actio* wird hier für das sonst üblichere *gestus* verwendet.

8 Plinius (epist. II 14, 4 ff.) berichtet von Leuten, die gegen Bezahlung Rednern Beifall spendeten; man nannte sie *»laudiceni«* (»die für ihr Lob eine Mahlzeit bekommen«).

9 Aischines bekämpfte in seiner Rede gegen Ktesiphon dessen Antrag, Demosthenes wegen seiner Verdienste mit einem goldenen Kranz zu ehren. Demosthenes erwiderte mit der berühmten »Kranzrede«, die eine Rechtfertigung seiner Politik darstellt. Diese beiden Reden sind hier wohl in erster Linie gemeint.

10 Im Prozeß gegen Aufidia – es handelte sich möglicherweise um eine Erbschaftsangelegenheit (Peterson) – scheint Servius Sulpicius Rufus als Verteidiger, M. Valerius Messala Corvinus als Ankläger fungiert zu haben.

11 C. Nonius Asprenas wurde von Cassius Severus wegen Giftmischerei angeklagt; die Verteidigung übernahm C. Asinius Pollio.

12 Aus der Verbannung im Jahre 57 nach Rom zurückgekehrt, hielt Cicero für die Wiedererrichtung seines Hauses, das von seinen Gegnern niedergerissen worden war, die Rede »Pro domo sua«. In derselben Angelegenheit sprach auch der Redner und Zeitgenosse Ciceros M. Calidius.

13 Hier geht es um den Mordprozeß gegen Milo und Ciceros Rede »Pro Milone« (vgl. inst. X 5, 13).

14 Die gleiche Bemerkung bei Quintilian, inst. XII 1, 22; in den erhaltenen Werken Ciceros findet sich in diesem Zusammenhang der hier verwendete Ausdruck *dormitare* (schläfrig sein, einnicken) nicht. Nach Plutarch (Cic. 24) machte Cicero diese Bemerkung über Demosthenes in einem Brief (vgl. auch Cicero, orat. 104).

15 Siehe Horaz, ars 359.

16 Cicero in der Rede »Pro Archia«, 12.

17 M. Tullius Cicero, orat. 30, 31, 32.

18 Cicero, orat. 39 bzw. 62.

19 Hier geht es nur um den sprachlichen Ausdruck.

20 Daß Philosophie und Rhetorik gemeinhin zwei getrennte Bereiche darstellen, bedauert Quintilian schon im Vorwort zu seinem Werk (Prooem. 9–13). Seit dem Auftreten der Sophisten einerseits und des Sokrates und seiner Schüler anderseits gab es in Erziehungs- und Bildungsfragen zwei entgegengesetzte Auffassungen: Die Sophisten vermittelten ein praktisch orientiertes Allgemeinwissen mit besonderer Berücksichtigung der Rhetorik: die Macht der Rede führe den Menschen zum angestrebten Ziel, indem sie ihn befähige, den Gegner von der Richtigkeit der eigenen Meinung zu überzeugen; nicht die Wahrheit (deren Erkenntnismöglichkeit sie überhaupt bezweifelten), sondern persönlicher Erfolg sei ausschlaggebend. Das brachte den Sophisten den Vorwurf ein, daß sie »die schlechtere Sache zur besseren machen«. Diesen utilitaristischen Standpunkt bekämpften Sokrates und Platon aufs schärfste und stellten ihm die Forderung nach Wahrheitssuche und Verwirklichung des sittlich Guten entgegen. In den Dialogen »Gorgias« und »Phaidros« wendet sich Platon auch gegen den Mißbrauch der Rhetorik. So entstand eine Kluft zwischen der Philosophie und der Rhetorik, welche als die zwei Hauptrichtungen der höheren Bildung in der Antike angesehen werden müssen. In der Folge suchte man wiederholt die gegnerischen Standpunkte einander näherzubringen; so erkannte z. B. schon Aristoteles den Wert einer richtig verstandenen Redekunst und verfaßte selbst ein Lehrbuch der Rhetorik. Besondere Verdienste um eine Synthese zwischen Philosophie und Rhetorik erwarb sich Cicero, der für den Redner neben formal-rhetorischer Ausbildung auch ein umfassendes Allgemeinwissen und philosophische Schulung forderte. Diesem Bildungsideal huldigt auch Quintilian.

21 Eine Darstellung der Geschichte der römischen Beredsamkeit in Dialogform.

22 Unsichere Lesart; die Worte *qui . . . vivebant* (eine von vielen vorgeschlagenen Konjekturen) scheinen nach *aetatis suae* überflüssig (Tautologie).

23 Unsichere Lesart; das in der Übersetzung sinngemäß ergänzte Verbum entspricht der Konjektur *persequamur*.

24 Der hier erwähnte Brief des Livius, der stilistische Fragen behandelte, ist nicht erhalten.

25 Gemeint ist wohl vor allem M. Porcius Cato Censorius (234 bis 149 v. Chr.), Feldherr, Politiker und Redner, der auch schriftstellerisch tätig war. Von seinen Werken ist nur das Büchlein »De agricultura« erhalten. Er bekämpfte den griechischen Einfluß in Rom und war ein unversöhnlicher Gegner Karthagos. Ein Lob Catos findet sich z. B. in Ciceros »Brutus«, 61–66.

26 Gemeint ist die Theorie der Redekunst.

27 Gemeint sind die drei Stilarten der antiken Rhetorik, und zwar in der Reihenfolge unseres Textes 1. der schlichte Stil *(genus subtile)*, 2. der erhabene Stil (*genus grande* oder *sublime*) und 3. der mittlere oder gemischte Stil (*genus medium*, *mediocre* oder *mixtum*).

28 XII 10, 63 ff.

29 Ilias 21, 195–197.

30 Ilias 9; die Gesandtschaft bestand aus Odysseus, Aias und Phoinix.

31 Achilles und Agamemnon.

32 Gedacht ist an den Kriegsrat der Achaier, Ilias 2, 50 ff.

33 Die Theorie der Rhetorik unterschied drei Arten der Rede: 1. die Gerichtsrede *(genus iudiciale)*, 2. die politische Rede *(genus deliberativum)*, 3. die Festrede *(genus demonstrativum)*.

34 Antilochos in der Ilias, 18, 18 ff.

35 Phoinix in der Ilias, 9, 529 ff. – Kureten: hier ein Volksstamm in Aetolien.

36 Quintilian bezieht sich in den §§ 48, 49 und 50 auf die Hauptteile der Rede: Einleitung *(exordium, prooemium)*, Erzählung *(narratio)*, Beweisführung *(argumentatio)*, diese zerfällt in die positive Beweisführung *(probatio)* und Widerlegung *(refutatio)*, Schluß *(peroratio, conclusio)*.

37 Ilias 24, 486 ff.

38 Gemeint ist vor allem Hesiods »Theogonie«.

39 Im Sinne von ›Literaturkritiker‹.

40 Gemeint sind höchstwahrscheinlich Hesiod und Antimachos.

41 Möglicherweise erschienen die Themen von Hesiods Gedichten wenig attraktiv (nach Peterson).

42 Allerdings spielen einige Idyllen des Theokrit auch im städtischen Milieu.

43 Vergil, ecl. 10, 50.

44 Horaz, ars 401 f.

45 X 1, 40.

46 X 1, 1.

47 Die beiden anderen Jambendichter sind Semonides von Amorgos (um 600 v. Chr.), bekannt vor allem durch sein Spottgedicht auf die Frauen, und Hipponax von Ephesos (um 540 v. Chr.), Verfasser von derb-realistischen Gedichten in Hinkjamben.

48 Quintilian behandelt im Folgenden nur vier; die nicht erwähnten sind: Alkman, vermutlich aus Sardes (2. Hälfte d. 7. Jh.s v. Chr.), lebte in Sparta; Sappho von Eresos auf Lesbos (um 600 v. Chr.); Ibykos von Rhegion (6. Jh. v. Chr.); Anakreon von Teos (Mitte d. 6. Jh.s v. Chr.) und Bakchylides von Keos (1. Hälfte d. 5. Jh.s v. Chr.).

49 In der berühmten Ode IV 2, 1: *Pindarum quisquis studet aemulari.*

50 Horaz, carm. II 13, 26 f.

51 Vgl. z. B. Homer, Il. 2, 673 f.

52 Möglicherweise ist hier an Schauspieler-Interpolationen zu denken. (Vgl. A. Lesky, Die tragische Dichtung der Hellenen, Göttingen 1956, S. 55: »In der krausen Notiz Quintil. inst. or. 10, 1, 66, daß die Athener späteren Dichtern gestatteten, mit korrigierten Aischylos-Stücken in den Wettkampf einzutreten, steckt wohl ein Rest von Tatsächlichem.«)

53 *meditationes* werden hier von den Kommentatoren als *declamationes* erklärt. Vielleicht wäre hier die Übersetzung »Monologe« zutreffender. (S. auch Anm. 55.)

54 Titel einiger Stücke des Menander; deutsch etwa: »Das Schiedsgericht« (ein Großteil erhalten), »Die Erbin«, »Lokrer«, »Der Furchtsame«, »Der Gesetzgeber«, »Das unterschobene Kind«.

55 *declamationes* hießen ursprünglich Übungsreden in den Rhetorenschulen; in der Kaiserzeit, da die Wirkungsmöglichkeit der Redner in der Praxis beschränkt war, stellten die Deklamationen auch Musterreden über fingierte Rechtsfälle und sonstige Themen dar, mit denen die Rhetoren vor einem sen-

sationshungrigen Publikum ihr virtuoses Können unter Beweis stellten. Man unterscheidet ›Suasorien‹ (beratende Reden politisch-historischen Inhalts) und ›Kontroversien‹ (fingierte Gerichtsreden).

56 Eine diesbezügliche Bemerkung bei Cicero, De orat. III 36.

57 Die Aufstellung eines Kanons der zehn attischen Redner wird (nicht unwidersprochen) dem griechischen Rhetor und Literaturkritiker der Augusteischen Zeit Caecilius von Kaleakte auf Sizilien zugeschrieben. Die von Quintilian hier nicht erwähnten Redner sind: Antiphon (5. Jh. v. Chr.), Andokides (geb. um 440 v. Chr.), Isaios (Ende des 5., 1. Hälfte des 4. Jh.s v. Chr.), Lykurgos (geb. um 390 v. Chr.) und Deinarchos (ca. 360 bis 290 v. Chr.).

58 Isokrates schrieb Musterreden für die Rhetorenschule, die hier mit dem Ringplatz verglichen wird, während mit dem Kampf die Praxis des Redners gemeint ist. Einen ähnlichen Vergleich hat z. B. Cicero, De orat. I 81.

59 Diese Wiedergabe des *honesti studiosus* läßt sich recht gut mit den ethischen Bestrebungen des Isokrates vereinbaren. Denkbar wäre allerdings auch die Übersetzung »um einen würdigen Ausdruck bemüht«.

60 Eine diesbezügliche Bemerkung bei Cicero, Brut. 38.

61 Cicero, De orat. II 95; orat. 92. Vgl. auch off. I 3.

62 Dasselbe bemerkt Quintilian, inst. XII 2, 23; vgl. Cicero, orat. 12.

63 Das entsprechende Zitat aus Eupolis ist bei Plinius, I 20, 17 (= Eupolis, frg. 2, 458 M.), erhalten. Die Göttin der Überredung hieß bei den Griechen πειθώ, bei den Römern ›Suada‹.

64 Die Stoa (benannt nach einer Gemäldegalerie in Athen στοὰ ποικίλη, in der Zenon, der Begründer dieser Schule, lehrte) ist eines der bedeutendsten philosophischen Systeme des Hellenismus und der römischen Kaiserzeit. Es ist praktisch-ethisch orientiert. Einige stoische Gedanken: Die Tugend (= naturgemäßes = vernunftgemäßes Leben) allein führt zum Glück; der stoische Weise meidet alle Affekte (stoische Ruhe); alle Menschen sind grundsätzlich gleich, weil sie alle Anteil an der göttlichen Weltvernunft haben.

65 Vergil selbst verglich seine Gewohnheit, Verse auszufeilen, mit der Tätigkeit einer Bärin, die ihren Jungen nach dem Wurf durch ständiges Belecken zur richtigen Gestalt verhilft (Gellius, Noctes Atticae 17, 10 und Donatus, Vergil-Vita 22; vgl. auch Quintilian, inst. X 3, 8.).

66 Wir: nämlich Vergil als Repräsentant der Römer (ähnlich auch von Cicero: Quintilian, inst. X 1, 107).

67 *lascivus* kann auch bedeuten: »ungezügelt« in Denkweise, Sprache und Stil (nach Peterson; vgl. auch Bassi).

68 Nämlich nach Vergil (Peterson); unter Berücksichtigung der vorausgegangenen Charakteristik eigentlich eine kaum zu erwartende Auszeichnung.

69 Nach Sueton, Dom. 13, 1 behauptete Domitian (Germanicus Augustus) im Senat, er habe seinem Vater (Vespasian) und seinem Bruder (Titus) die Regierungsgewalt überlassen. In Wirklichkeit handelte es sich darum, daß Domitian, der als *praetor urbanus consulari potestate* während der Abwesenheit seines im Jahre 69 n. Chr. zum Kaiser ausgerufenen Vaters das Herrscherhaus repräsentierte, diesem nach seinem Eintreffen in Rom (im Jahre 70) die Regierungsgeschäfte übergab. Titus wurde von Vespasian als Mitregent an der Herrschaft beteiligt.

70 Nach einem antiken Bericht (Philostrat, Vita Apoll. VII 24) wollte Domitian als Sohn der Minerva gelten.

71 Vergil, ecl. 8, 13.

72 Ursprüngliche Form *satura*, bezeichnet eigentlich eine mit gemischten Früchten gefüllte Opferschüssel *(lanx satura)*, später im übertragenen Sinn »literarisches Allerlei« (Gedichte mannigfachen Inhalts in verschiedener Form). – Der im Folgenden erwähnte C. Lucilius aus Suessa Aurunca (ca. 180–102 v. Chr.) ist der eigentliche Begründer der römischen Satire als Literaturgattung; bei ihm bekommt sie vorwiegend kritisch-witzigen Charakter; zahlreiche Fragmente sind erhalten. Seine frühen Gedichte sind noch in verschiedenen Metren, die späteren im Hexameter verfaßt, der das Versmaß der Satire bleibt. – Die weiter unten zitierte Bemerkung Horazens über Lucilius stammt aus Horaz, sat. I 4, 11.

73 Es ist ungewiß, wer hier gemeint ist; nach Peterson kann es sich schwerlich um Juvenal (ca. 60–130), den letzten der vier großen Satirendichter (Lucilius, Horaz, Persius, Juvenal) handeln.

74 Nämlich vor Lucilius. Gemeint sind die sogenannten Menippeischen Satiren, eine von Menippos von Gadara (1. Hälfte d. 3. Jh.s v. Chr.) geschaffene literarische Gattung moralisierend-polemischen Inhalts (charakteristische Form: Prosa mit Verseinlagen), die M. Terentius Varro (116–27 v. Chr.) in die römische Literatur eingeführt hat.

75 Der Sinn dieser handschriftlich unsicher überlieferten Textstelle scheint allerdings auch durch die Konjektur, auf der die Übersetzung beruht, nicht völlig geklärt zu sein. Es wäre immerhin auch denkbar, daß der Autor meint, die in Frage kommenden Dichter hätten neben jambischen auch Gedichte in anderen Versmaßen verfaßt. (Die Schwierigkeit besteht wenigstens zum Teil auch darin, daß die Bezeichnung ›Jambus‹ hier offensichtlich einmal als literarische Gattung, das andere Mal – vgl. die folgende Anm. – als Versmaß verwendet wird.)

76 Die Übersetzung *(illi = iambo)* folgt den Kommentaren, doch ist auch diese Stelle nicht ohne Schwierigkeiten; der Zusatz »wiewohl . . .« bezieht sich jedenfalls nur auf Horaz, womit seine Epoden gemeint sind, d. h. Gedichte, in denen der erste (längere) Vers – meist ein jambischer Trimeter – mit einem kürzeren – meist einem jambischen Dimeter (auch dieser für sich allein wird Epodos genannt, so an unserer Stelle) abwechselt. Es kommen allerdings auch andere Versmaße vor.

77 Quintilian zählt offensichtlich den Jambus (als Literaturgattung – s. Anm. 5) nicht zur eigentlichen Lyrik. Daß unser Autor nicht wenigstens auch den von den modernen Literarhistorikern so hoch geschätzten Catull als lesenswerten Lyriker erwähnt, dürfte vor allem zwei Gründe haben: erstens entspricht der Geschmack unserer Zeit nicht immer dem der Antike; zweitens betrachtet Quintilian die Dichter vor allem vom Standpunkt ihrer Nützlichkeit für die Ausbildung des Redners.

78 Namen zeitgenössischer Autoren erwähnt Quintilian grundsätzlich nicht; die einzige Ausnahme macht er bei Kaiser Domitian. (Vgl. ›Germanicus‹ im Verzeichnis der Eigennamen.)

79 Der Verlust dieser Tragödie, von der nur zwei kurze Fragmente erhalten sind, ist, nach Quintilians Lob zu schließen, sehr bedauernswert.

80 D. h.: »Mit der Komödie ist es bei uns am schlechtesten bestellt.« Denkt man an die Werke der bedeutenden römischen Komödiendichter Plautus und Terentius, erscheint Quintilians Äußerung wenig zutreffend. Es ist allerdings dabei in Betracht zu ziehen, daß dem Geschmack der gebildeten Römer der Kaiserzeit die schon altertümlich anmutenden Stücke dieser Dichter vielleicht nicht mehr ganz zusagten. Einen anderen Grund für sein negatives Urteil gibt Quintilian selbst an,

wenn er bemerkt, daß die römischen Komödien, verglichen mit ihren griechischen Vorbildern, schlecht abschneiden.

81 P. Cornelius Scipio Africanus Minor soll nach einem Gerücht (vgl. Sueton, vita Ter., p. 293 Roth) dem Dichter bei der Abfassung seiner Komödien behilflich gewesen sein.

82 Wörtlich: »Und so hat er jene unsterbliche Kürze« (*velocitas* bedeutet hier nicht etwa Schnelligkeit beim Schreiben – vgl. das X 3, 8 über die Arbeitsweise dieses Autors Gesagte – sondern gedrängte Darstellung, wie *brevitas* 1, 32) »durch ... erreicht«, womit aber gemeint ist, daß der durch andere Vorzüge erreichte Ruhm des Livius nicht geringer ist als jener, den Sallust durch seine Kürze erlangte (nach Peterson).

83 Die Frage, wer hier gemeint sein könnte, ist nicht entschieden; u. a. dachte man an den berühmtesten römischen Historiker Tacitus (ca. 55–120), doch wird diese Vermutung von einigen Kommentatoren (Peterson, Bassi) mit guten Gründen abgelehnt. Man will in diesen Worten eher eine Anspielung auf Fabius Rusticus (1. Jh. n. Chr.), einen Historiker, der wegen seiner Darstellungskunst mit Livius verglichen wurde, erblicken.

84 Diese »gesäuberte« Ausgabe von Cremutius' Werk erschien unter Kaiser Caligula.

85 Wie beispielsweise Tacitus, dial. 18 zeigt, hat es damals nicht an Kritikern gefehlt, die Ciceros Stil herabsetzten.

86 Diese Bedeutung für *cum praesertim* ergibt sich aus dem Zusammenhang (genaue und einleuchtende Begründung bei Peterson).

87 Da immerhin gleich darauf ein wenn auch nur knapper Vergleich folgt, will der Autor hier wohl andeuten, daß er sich eine ausführlichere Charakteristik der beiden für einen späteren Zeitpunkt (s. XII 1, 14 ff.) vorbehält.

88 Vielleicht ein Hinweis auf die unermüdlichen Übungen, mit denen es Demosthenes zur Meisterschaft in der Redekunst gebracht hat. (S. z. B. Cicero, De orat. I 260 f.)

89 S. Anm. 66.

90 Dies war nach Quintilian, inst. II 16, 4 und VI 1, 7 in Athen der Fall.

91 Zur Erklärung vgl. Quintilian, inst. X 1, 65 u. 100.

92 Zum Zitat (Pindar, frg. 258 B.) vgl. Horaz, carm. IV 2, 7 f.: *immensusque ruit profundo / Pindarus ore* (»aus Pindars Munde rauscht unergründlich tief die unermeßliche Flut« – nach Kiessling-Heinze).

93 Ein guter Redner soll das Publikum belehren, begeistern (bzw. bestimmte Gefühlsregungen hervorrufen) und ergötzen *(docere, movere, delectare)*; vgl. Quintilian, inst. III 5, 2 und Cicero, De orat. II 121, 128, 310.

94 Caesar verfaßte (während einer Alpenüberquerung) ein – leider nicht erhaltenes – dem Cicero gewidmetes Werk über grammatische Sprachrichtigkeit: »De analogia«.

95 Hier liegt – wenn die Lesart *Ciceroni* richtig ist – eine Anspielung auf die Charakteristik des Calvus bei Cicero, Brut. 283 vor.

96 Eine andere mögliche Übersetzung wäre: »Wie außerdem der bittere Humor, so ist auch schon die Bitterkeit selbst nicht selten lächerlich.« Die Schwierigkeit liegt auch darin, daß *ridiculus* auch als »Lachen erregend« aufgefaßt werden könnte (hier allerdings kaum zutreffend). Ausführlichere Erklärungsversuche bei Peterson.

97 Griechisch μεταφορά; vgl. auch Quintilian, inst. VIII 6, 4.

98 Gemeint sind wohl u. a. Plinius d. Jüngere (61 bis ca. 113), Tacitus (ca. 55–120), Iulius Secundus (Lehrer des Tacitus) und Curiatius Maternus (1. Jh. n. Chr.), bekannt auch als Tragödiendichter.

99 Für *eloquentia* hier: »Redekunst« im weitesten Sinne des Wortes.

100 Nach Schwabe, RE, M. *Fabius* Quintilianus (137), Sp. 1853, beruft sich Quintilian hier mit Sicherheit auf seine verlorene Schrift »De causis corruptae eloquentiae«.

101 Diese Bemerkung betrifft den Inhalt seiner Werke *(materiam)*, obwohl die folgende Aufzählung mehr die literarischen Gattungen im Auge hat.

102 Von *nam si* . . . bis hierher ist der Sinn der schlecht überlieferten Textstelle höchst zweifelhaft; als Konjekturen wurden u. a. für *si aliqua* (das immerhin grammatisch bedenklich ist): *si obliqua* (etwa »geschraubte Ausdrucksweise«), und für *parum . . .: parum recta* vorgeschlagen.

103 Seneca ist der Meister eines neuen »epigrammatischen« Stils (s. Schanz-Hosius, Geschichte der römischen Literatur. Teil II. München 1967, S. 711) – kurze, wirkungsvolle, auch sprichwortartige Sätze, geistreiche Antithesen –, der schon zu seinen Lebzeiten bewundert, aber auch heftig kritisiert wurde. Kaiser Caligula bezeichnete ihn beispielsweise als »Sand ohne Kalk« (Sueton, Cal. 53, 2). Daß Quintilian als Bewunderer der ciceronianischen Sprache an diesem Stil keinen Gefallen finden

konnte, ist von seinem Standpunkt aus verständlich. Trotzdem versucht er dem Menschen und Philosophen Seneca in seinem Urteil gerecht zu werden.

104 Nämlich in formal-sprachlicher Hinsicht.

105 Diesem Kapitel sei eine allgemeine Feststellung vorausgeschickt: Die Forderung nach unbedingter Originalität (etwa im Sinne des romantischen Originalitätsbegriffs) war der Antike überhaupt fremd. So setzten sich bereits griechische Dichter mit den Werken ihrer Vorgänger inhaltlich und formal auseinander und versuchten, einem schon behandelten Thema neue Motive abzugewinnen. (Man denke z. B. an die wiederholten Bearbeitungen gleicher Sagenstoffe in der griechischen Tragödie oder an den großen Einfluß Homers auf die griechische Literatur.) Auch Sprache und Stil des gewählten Vorbildes werden nachgeahmt. Diese Nachahmungsfreudigkeit erklärt letzten Endes auch die Gebundenheit einzelner Dichtungsgattungen der griechischen Literatur an bestimmte griechische Dialekte. Zu der allgemeinen Anerkennung der Autorität, die für das römische Wesen in einem viel größeren Maße charakteristisch ist als für das griechische, kommt bei den Römern noch die Tatsache dazu, daß ihre Literatur ganz unter dem Eindruck der griechischen entstanden ist. Auch Cicero und der Augusteischen Klassik galten die Griechen als die Meister der Poesie und Prosa, an denen man sich orientieren, mit denen man aber auch wetteifern sollte. Diese Abhängigkeit von den Griechen brachte den Römern – oft zu Unrecht – manch abschätziges Urteil ein; in unserer Zeit hat sich jedoch die Erkenntnis durchgesetzt, daß die *»imitatio«* keine sklavische Nachahmung darstellt, sondern daß sie – wenigstens bei den besten Vertretern der römischen Literatur – ein Vorgang ist, in dem sich Römisches und Griechisches gegenseitig durchdringen und ergänzen; auf diese Weise sind bei den Römern Werke entstanden, die durchaus Anspruch auf Eigenart erheben dürfen.

106 Als *virtutes*, »Vorzüge«, im rhetorischen Sinn = *virtutes dicendi* (ἀρεταὶ τῆς λέξεως), wörtlich: »Vorzüge des sprachlichen Ausdrucks« (Stilqualitäten) gelten gewöhnlich (lateinische, bzw. griechische) Sprachrichtigkeit, Deutlichkeit, Angemessenheit, Redeschmuck und Kürze.

107 D. h. bereits in Schreibtäfelchen eingeritzte Buchstaben; ausführlicher darüber s. Quintilian, inst. I 1, 27.

108 Wörtlich: »mit Maßen und Linien«; der Ausdruck könnte

auch bedeuten, daß die für die Kopie bestimmte Oberfläche und das zu kopierende Bild durch rechtwinklig aufeinander gezogene Hilfslinien in gleich große Quadrate eingeteilt wurden (so Peterson, ähnlich Bassi); Näheres über die Kopiertechnik der Antike läßt sich meines Wissens in den diesbezüglichen Quellen nicht finden; daher ist die Deutung der Stelle unsicher.

109 Vor dem Amtsgebäude des römischen *pontifex maximus* wurden in ältester Zeit Tafeln mit den Namen der Beamten und den wichtigsten Ereignissen jedes Jahres aufgestellt. Diese »Priesterchronik« wurde später in 80 Büchern veröffentlicht und dürfte auch die nach Jahren gegliederte Geschichtsdarstellung der »Annalisten« beeinflußt haben.

110 Daß im Nachzeichnen der Schattenumrisse nach Meinung der Alten die Vorstufe der Malerei zu suchen sei, berichtet z. B. Plinius, nat. 35, 5.

111 Klar erkennt Quintilian die geistige Sterilität seiner Zeit als eine Verfallserscheinung, die sich in übertriebener Nachahmung der Vergangenheit offenbart.

112 Quintilian betont in seinem Werk wiederholt (Prooem. 19; I 10, 4), daß er eben ein Idealbild des Redners zu zeichnen versucht ohne Rücksicht auf die Frage, ob es einen vollkommenen Redner überhaupt geben kann.

113 S. Anm. 55.

114 Das ist m. E. hier die zutreffende Übersetzung, wenn *inter ipsos* richtig auf die Autoren und nicht auf die Sachverständigen zu beziehen ist (so Peterson und Bassi). Dagegen (wenn *ipsos* doch auf die Sachverständigen bezogen wird): »die von den Sachverständigen, auch in ihren gegenseitigen Auseinandersetzungen, gerügt wurden«.

115 Nach Epikurs Lehre entstehen Wahrnehmungen durch Bilder (εἴδωλα), die von der Oberfläche des Gegenstandes in uns eindringen. (Zur Sache s. Ueberweg-Praechter, Grundriß der Geschichte der Philosophie I, [13]1953; photomechanischer Nachdruck der 12. Aufl., S. 447).

116 Wörtl.: »Attiker«; gemeint sind die Vertreter eines gemäßigten, an attischen Mustern der klassischen Zeit orientierten Stils (Gegensatz: der durch übertriebene Rhythmisierung und durch Schwulst gekennzeichnete »asianische« Stil). Vgl. auch X 1, 44.

117 Nämlich ohne Hilfe des Lehrers.

118 Nämlich in der Poesie und Geschichtsschreibung.

119 Die Fußbekleidung des Schauspielers in der Tragödie (= *cothurnus*) bzw. in der Komödie (= *soccus*) wird hier im übertragenen Sinn zur Kennzeichnung des erhabenen bzw. einfachen Stils dieser Dichtungsgattungen verwendet. – Der Kothurn der klassischen griechischen Bühne hatte übrigens noch keine hohe Sohle; diese wurde erst in späterer Zeit erhöht. Vgl. A. Lesky, Die tragische Dichtung der Hellenen, Göttingen 1956, S. 32 f.

120 Nämlich im Schlußwort; zu den Hauptteilen der Rede, auf die hier angespielt wird, vgl. Anm. 36.

121 Cicero, De orat. I 150.

122 Wörtl.: »Standhaftigkeit« für *constantia*. Überliefert ist allerdings *conscientia*; danach müßte die Übersetzung etwa lauten: »Denn ohne dieses Bewußtsein« (nämlich einer gründlichen Vorbereitung).

123 Bezugnahme auf die nur für äußerste Notfälle bestimmten, im unterirdischen Gewölbe des Saturnus-Tempels aufbewahrten Reserven der Staatskasse.

124 Anspielung auf Hesiods vielzitierten Satz: »Vor die Tüchtigkeit aber stellten den Schweiß die unsterblichen Götter« (Werke und Tage, V. 289).

125 Vgl. Anm. 65.

126 Gemeint sind speziell die Pflichten des Anwaltes vor Gericht.

127 Eigentlich »Wald, Holz«.

128 Die Überlieferung dieser Worte ist unsicher.

129 Persius 1, 106.

130 Wörtl. »in Verwahrung« (Ausdruck der Juristensprache), d. h. schriftlich festgehalten.

131 Vgl. inst. X 1, 1.

132 Cicero, De orat. I 155.

133 Eine diesbezügliche Empfehlung Ciceros ist uns in seinen erhaltenen Schriften nicht überliefert; allerdings betont er ganz allgemein immer wieder die Notwendigkeit des Studiums der griechischen Sprache.

134 Nämlich Platons Dialoge »Protagoras« und »Timaios« und Xenophons »Oikonomikos«.

135 D. h. als Übersetzung aus dem Griechischen.

136 D. h. Übertragung aus einer literarischen (oder Rede-) Gattung in eine andere (Paraphrase).

137 Beispiele für allgemeine (d. h. nicht an bestimmte Personen, zeitliche oder örtliche Umstände gebundene) und beschränkte

Fragestellungen folgen in § 13; ausführlicher handelt Quintilian darüber in III 5, 5.

138 Die Topik, d. h. die Erschließung der *loci communes* (griechisch τόποι), »Gemeinplätze« = allgemeine Gesichtspunkte bzw. Beweismittel, die bei bestimmten Anlässen immer wieder verwendet werden können, war eine wichtige Disziplin des antiken Rhetorik-Unterrichtes. Diese Lehre wurde besonders von Aristoteles und später Cicero entwickelt.

139 Als Arbeitsstadien (Aufgaben) des Redners galten: die Auffindung der Hauptgesichtspunkte oder Stoffsammlung *(inventio)*, Gliederung *(dispositio)*, Stilisierung *(elocutio)*, das Auswendiglernen *(memoria)*, der Vortrag *(actio)*.

140 Diese Worte scheinen eine Reminiszenz an das Platonische Höhlengleichnis (Platon, polit. 514 B ff.) zu sein.

141 Professor = ›öffentlicher Lehrer‹ ist eine Wortbildung der nach-Augusteischen Zeit.

142 Die Basilika im alten Rom diente in erster Linie als Gerichtsgebäude oder Markthalle.

143 S. X 1, 23.

144 S. I 2, 15.

145 Eine ähnliche Auffassung finden wir schon bei Platon, Phaidr. 275 A (vgl. Quint., inst. XI 2, 9) und beispielsweise bei Caesar, Gall. VI 14.

146 Das Gedächtnis wird in XI 2 behandelt.

147 Vgl. Anm. 126.

148 Wer ohne die Fähigkeit der Stegreifrede in der Öffentlichkeit als Anwalt auftritt, wird mit einem ungeübten Steuermann verglichen, der das Wagnis einer gefährlichen Seefahrt auf sich nimmt. (Die Stelle ist allerdings handschriftlich nicht ganz einwandfrei überliefert.)

149 *deinde* »ferner, zweitens« setzt das *primum* »zunächst« (§ 5) fort.

150 *studium* bedeutet hier eigentlich die praktischen Übungen (das Lesen, Schreiben und Reden) im Gegensatz zur Theorie.

151 Wenn nicht *facilitatem*, »Gewandtheit«, vorzuziehen ist.

152 Wörtl.: »Schluchzende«; vielleicht sogar »Stotterer«.

153 Wörtl.: »gesagt haben« sc. die Leser (beim lauten Lesen). Der Sinn des Satzes ist nicht ganz eindeutig. Es scheint sich darum zu handeln, daß der Redner für verschiedene Fälle Formulierungen bereit haben muß, die ihm ohne vieles Nachdenken von selbst in den Sinn kommen, wie auch das Schreiben und Lesen mechanisch erfolgt und man sich nicht jeden Buchstaben

einzeln überlegen muß. Etwas Ähnliches sagt Cicero, De orat. II 130.

154 In den erhaltenen Werken Ciceros ist eine entsprechende Bemerkung nicht zu finden, doch vgl. De orat. I 202.

155 Darüber handelt Quintilian vor allem in VI 2, 29.

156 Vgl. X 3, 21.

157 Vgl. Cicero, orat. 34.

158 Ein entsprechender Hinweis ist in den erhaltenen Werken Ciceros nicht zu finden.

159 Nämlich die des Servius Sulpicius.

160 Unsichere Lesart.

Verzeichnis und Erklärungen der Eigennamen

Aelius Stilo Praeconinus, L. (ca. 150–70 v. Chr.), der erste bedeutende lateinische Philologe; Lehrer Varros und Ciceros.

Afranius, L. (2. Hälfte des 2. Jh.s v. Chr.), bedeutendster Dichter der ›Togata‹ (= Komödie, die ihren Stoff dem römischen Leben entnahm, während sich die sogenannte ›Palliata‹ eng ihrem griechischen Vorbild anschloß).

Aischines (geb. um 390 v. Chr.), attischer Redner, politischer Gegner des Demosthenes.

Aischylos aus Eleusis (525–456 v. Chr.), beeinflußte entscheidend die Entwicklung der literarischen Tragödie; Schöpfer der geschlossenen Trilogie bzw. Tetralogie. Von seinen sieben erhaltenen Tragödien seien »Der gefesselte Prometheus« und die »Orestie« (»Agamemnon«, »Choephoren«, »Eumeniden«) erwähnt.

Albinovanus Pedo, Dichter der Augusteischen Zeit, Freund des Ovid, der sein Gedicht »Theseis« erwähnt; verfaßte auch ein Epos über die Feldzüge des Germanicus.

Alkaios von Mytilene auf Lesbos (um 600 v. Chr.), lyrischer Dichter; verfaßte politische Lieder, Trinklieder, Hymnen u. a.; seine Metren sind vielfältig; nach ihm benannt ist die (auch von Horaz häufig verwendete) alkaische Strophe.

Antimachos von Kolophon (um 400 v. Chr.); von seinen Werken (Epos »Thebais«, Elegie »Lyde«) sind nur wenige Fragmente erhalten.

Antipatros von Sidon (um 130 v. Chr.), Dichter von Epigrammen; über seine Fähigkeit, aus dem Stegreif zu dichten, s. Cicero, De orat. III 194.

Apollonios Rhodios (3. Jh. v. Chr.), Bibliothekar in Alexandria, epischer Dichter; Verfasser des Epos »Argonautika«.

Aratos aus Soloi (ca. 310–245 v. Chr.); der Anfang seines Lehrgedichtes »Phainomena« (Himmelserscheinungen) lautet: »Laßt uns mit Zeus beginnen!«

Archias, A. Licinius von Antiochia (ca. 118 bis nach 62 v. Chr.), Dichter; von Cicero in der Rede »Pro Archia« gegen die Anklage, er maße sich das römische Bürgerrecht zu Unrecht an, erfolgreich verteidigt. Über seine Fähigkeit, aus dem Stegreif zu dichten, s. Cicero, Arch. 18.

Archilochos von Paros (um 650 v. Chr.), Jambendichter. (S. auch Anm. 5.)

Aristarchos von Samothrake (ca. 216–144 v. Chr.), alexandrinischer Grammatiker, Schüler des Aristophanes von Byzanz (s. d.). Beide stellten kritische Ausgaben griechischer Dichter und Schriftsteller her. Durch die Festlegung einer Auswahl mustergültiger Autoren beeinflußten sie die Überlieferung griechischer Literatur.

Aristophanes (ca. 446–380 v. Chr.), bedeutendster Vertreter der alten Komödie; kämpft für die Tradition auf allen Gebieten. Von den elf erhaltenen Stücken sind die bekanntesten »Die Vögel«, »Die Frösche«, »Die Ritter«, »Die Wolken«, »Lysistrate«. Seine Sprache zeigt großen Reichtum der Ausdrucksmittel.

Aristophanes von Byzanz (ca. 257–180 v. Chr.), alexandrinischer Grammatiker (s. auch Aristarchos).

Aristoteles von Stageiros (384–322 v. Chr.), bedeutendster Schüler Platons; gründete im heiligen Bezirk des Apollon Lykeios in Athen seine Schule: Peripatos; gestaltete Platons Ideenlehre zur Lehre von der Materie und Form um. Beherrschte das gesamte Wissen seiner Zeit. Seine Werke behandeln die Logik, sämtliche Gebiete der Philosophie, die Poetik usw. Von seinen Werken sind die für ein breiteres Publikum bestimmten, deren Sprache die Anforderungen der Kunstprosa erfüllte (diese hat wohl Quintilian vor Augen, wenn er die Ausdrucksfähigkeit des Aristoteles rühmt), bis auf wenige Fragmente verloren. Die erhaltenen sind durchwegs Lehrschriften, die als Unterlage für den Vortrag im Schülerkreis dienten. Hier kam es auf den Inhalt an, die sprachliche Form wurde vernachlässigt. Auf die Nachwirkung des Aristoteles kann hier nicht eingegangen werden; es sei nur auf seine Bedeutung für die christliche Philosophie des Mittelalters (Scholastik, Thomas von Aquin), die eine Synthese seiner Lehre mit der christlichen Theologie darstellt, hingewiesen.

Asinius, s. Pollio.

Asprenas, C. Nonius, s. Anm. 11.

Attius (üblicher: Accius), L. aus Pisaurum (170 bis ca. 85 v. Chr.), römischer Tragödiendichter; von seinen Werken sind nur Titel und Fragmente erhalten.

Aufidia, s. Anm. 10.

Aufidius Bassus, Geschichtsschreiber der frühen Kaiserzeit; neben den hier erwähnten »Libri belli Germanici« (wahrscheinlich eine Monographie) ist von ihm auch ein Werk »Historiae« bezeugt.

Bibaculus, M. Furius aus Cremona, römischer Dichter, Zeitgenosse Catulls.

Brutus, M. Iunius (85–42 v. Chr.), Caesars Mörder; begabter Redner, philosophisch gebildet; Cicero widmete ihm einige seiner Werke.

Caecilius Statius, römischer Komödiendichter (gest. 168 v. Chr.); von seinen Werken sind nur wenige Fragmente erhalten.

Caelius Rufus, M. (ca. 84–48 v. Chr.), eine der begabtesten Erscheinungen seiner Zeit; führte ein bewegtes Leben und wird als ziemlich charakterlos bezeichnet; wurde in einem Prozeß von Cicero verteidigt (Rede »Pro Caelio«). Weitere Charakteristiken bei Quintilian IV 2, 123 f. und VIII 6, 53; vgl. auch Tacitus, dial. de orat., 21 und 25.

Caesar, C. Iulius (100–44 v. Chr.), Feldherr und Politiker; Verfasser der »Commentarii de bello Gallico« und »de bello civili«; zeichnete sich durch Klarheit und Präzision seines Stils aus (neben Cicero gilt er als ein Hauptvertreter der klassischen Prosa); seine Reden sind nicht erhalten.

Caesius Bassus, Dichter der Neronischen Zeit, Freund des Persius (s. d.); wohl auch Verfasser eines Werkes über die Metrik.

Calidius, M., s. Anm. 12.

Calvus, C. Licinius Macer (82–47 v. Chr.), Freund Catulls, einer der Hauptvertreter des »attischen« (= strengen, klassischen) Stils.

Carbo, C. Papirius, Konsul 120 v. Chr., Parteigänger des Tib. Gracchus.

Cassius Severus, bekannter Redner der Augusteischen Zeit.

Catius Insuber, M., epikureischer Philosoph, ein Zeitgenosse Ciceros.

Cato Uticensis, M. Porcius (95–46 v. Chr.), nahm sich als überzeugter Republikaner nach der Schlacht bei Thapsus in Utica das Leben. Seine Gattin Marcia, die er dem Redner Q. Hortensius Hortalus auf dessen Wunsch abgetreten hatte, kehrte nach dem Tod des letzteren (50 v. Chr.) zu ihrem ersten Gatten zurück.

Catullus, C. Valerius aus Verona (ca. 84–54 v. Chr.), einer der bedeutendsten Dichter Roms. In den Gedichten an seine Geliebte Lesbia »sind intime Erlebnisse, Stimmungen, Leidenschaft und Haß in einer Intensität und Ursprünglichkeit dichterisch geformt, die in der Antike kaum ihresgleichen hat« (V. Pöschl).

Cestius Pius, L. aus Smyrna, Rhetor der Augusteischen Zeit, feindseliger Kritiker Ciceros.

Charisios (um 300 v. Chr.), attischer Redner.

Cicero, M. Tullius, geb. 106 v. Chr. in Arpinum; als Konsul deckte er im Jahre 63 die Catilinarische Verschwörung auf;

Verfechter der alten republikanischen Verfassung, Gegner Caesars; im Jahre 58 verbannt, 57 wieder nach Rom zurückberufen; nach Caesars Tod bekämpfte er die politischen Bestrebungen des Antonius; dieser setzte bei Octavian die Ächtung Ciceros durch und ließ ihn im Jahre 43 ermorden. – Cicero ist der Hauptvertreter der klassischen römischen Prosa und gilt dem Quintilian als Höhepunkt der römischen Rhetorik. Seine schriftstellerische Tätigkeit umfaßt neben zahlreichen Reden auch rhetorische Schriften (z. B. einen Dialog »De oratore«) und philosophische Werke (»De re publica«, »Tusculanae disputationes«, »De officiis«, »De natura deorum« u. a.); erhalten ist auch eine umfangreiche Briefsammlung. Als philosophischer Schriftsteller vermittelte er seinen Landsleuten die wichtigsten Lehren der griechischen Philosophie in lateinischer Sprache und schuf eine lateinische philosophische Terminologie. Sein Bildungsideal schwebt auch Quintilian als letztes Ziel der rhetorischen Schulung vor.

Cinna, C. Helvius, ein Freund Catulls; sein (nicht erhaltenes) Gedicht »Zmyrna« schildert die blutschänderische Liebe der Myrrha zu ihrem Vater. Nach Caesars Ermordung im Jahre 44 v. Chr. wurde der Dichter infolge einer Verwechslung mit L. Cornelius Cinna, einem von Caesars Mördern, erschlagen.

Clodius Pulcher, P., politischer Abenteurer; als Volkstribun setzte er im Jahre 58 v. Chr. Ciceros Verbannung durch (s. auch Milo).

Cornelius, C., Volkstribun im Jahre 67 v. Chr.; wegen Unregelmäßigkeiten bei der Einbringung von Gesetzesanträgen angeklagt und von Cicero in der Rede »Pro Cornelio« mit Erfolg verteidigt.

Cornelius Celsus, A., schrieb zur Zeit des Kaisers Tiberius ein enzyklopädisches Werk (»Artes«), von dem nur acht Bücher über die Medizin erhalten sind.

Cornelius Gallus, C. (69–26 v. Chr.), römischer Elegiker.

Cornelius Severus, Zeitgenosse und Freund des Ovid; von seinen epischen Gedichten (das in unserem Text erwähnte »Bellum Siculum« behandelte den Krieg Octavians gegen Sextus Pompeius, 38–36 v. Chr.) sind nur ganz wenige Fragmente erhalten.

Crassus, L. Licinius (140–91 v. Chr.), bedeutender römischer Redner vor Cicero.

Cremutius Cordus, A., Verfasser eines mit großem Freimut geschriebenen Geschichtswerkes über die Bürgerkriege; da er u. a. den Caesarmörder Cassius »den letzten Römer« genannt hatte, wurde er unter Tiberius angeklagt und starb einen freiwilligen Hungertod.

Crispus Passienus, C. Sallustius, Konsul im J. 44 n. Chr..; Redner, in zweiter Ehe mit der Mutter Neros, Agrippina, verheiratet.

Demetrios von Phaleron (ca. 350–280 v. Chr.), Schüler des Aristoteles und Theophrast; 318–308 mit der Regierung von Athen betraut. Später widmete er sich den Studien. Seine (nicht erhaltenen) Werke behandelten u. a. philosophische und rhetorische Themen.

Demosthenes (384–322 v. Chr.), bedeutendster attischer Redner; als Politiker kämpfte er leidenschaftlich für die von den Makedonen bedrohte Unabhängigkeit Athens. Besonders bekannt sind seine »Philippischen« und »Olynthischen Reden« (vgl. auch Anm. 9).

Domitius Afer, Cn., berühmter Redner aus der 1. Hälfte des 1. Jh.s nach Chr., Lehrer Quintilians.

Empylos von Rhodos, wird sonst nirgends erwähnt.

Ennius, Q., Dichter aus Rudiae in Kalabrien (239–169 v. Chr.), mit seinem wichtigsten Werk, dem Epos »Annales«, führte er den Hexameter in die römische Dichtung ein.

Ephoros von Kyme (4. Jh. v. Chr.), angeblich Schüler des Isokrates, verfaßte die erste griechische Universalgeschichte.

Epikuros (341–270 v. Chr.), Gründer einer nach ihm benannten philosophischen Schule. Ziel seiner Philosophie ist das individuelle Glück des Menschen, das auf seelischer Ausgeglichenheit beruht.

Euphorion aus Chalkis auf Euboia (3. Jh. v. Chr.), Gelehrter und Dichter von kleinen Epen (Epyllien).

Eupolis, Dichter der alten Komödie, Zeitgenosse des Aristophanes.

Euripides von Athen (480–406), der dritte in der Reihe der drei großen Tragiker, steht unter dem Einfluß der Philosophie und Sophistik; seine Stoffe entnimmt er traditionsgemäß dem Mythos, doch verlieren die Personen seiner Stücke den heroischen Charakter und werden zu Alltagsmenschen. Von seinen Werken sind 17 Tragödien und ein Satyrspiel erhalten, darunter »Medea«, »Hippolytos«, »Elektra«, »Iphigenie bei den Taurern«.

Germanicus Augustus: gemeint ist der Kaiser T. Flavius Domitianus (81–96); als Sieger über die Chatten in Germanien nahm er den Titel ›Germanicus‹ an. Die folgende geradezu poetische Verherrlichung seiner dichterischen Tätigkeit durch Quintilian ist in dem den Kaisern gegenüber damals üblichen schmeichlerischen Ton gehalten. Dagegen wird seine literarische Beschäftigung von Sueton, Dom. 2 und 20, sowie Tacitus, hist. IV 86 völlig negativ beurteilt.

Herodotos von Halikarnaß (ca. 484–425 v. Chr.), von Cicero »Vater der Geschichtsschreibung« genannt; Hauptthema seines Geschichtswerkes sind die Auseinandersetzungen zwischen Asien und Europa, die in den Perserkriegen ihren Höhepunkt und ihre Entscheidung fanden.

Hesiodos aus Askra in Böotien (um 700 v. Chr.); Dichter der »Theogonie«, einer Entstehungsgeschichte der Welt, und eines Mahn- und Lehrgedichtes »Werke und Tage«.

Homeros (8. Jh. v. Chr.), Dichter der »Ilias« und »Odyssee«, galt der Antike nicht nur als der größte Dichter schlechthin, sondern auch als Autorität auf vielen Wissensgebieten, so vor allem auch in der Redekunst. Platon nannte ihn den »Erzieher Griechenlands« (polit. 606 E).

Horatius Flaccus, Q. aus Venusia (65–8 v. Chr.), Sohn eines Freigelassenen; neben Vergil der repräsentativste Vertreter der Augusteischen Klassik; verfaßte »Satiren« (s. auch Anm. 72), »Epoden«, »Oden« (er gilt als bedeutendster römischer Lyriker) und »Episteln«.

Hortensius Hortalus, Q. (114–50 v. Chr.), römischer Redner, Vertreter des sogenannten »asianischen« Stils, dessen Merkmale übertriebene Rhythmisierung und Schwulst waren. Sein ausgezeichnetes Gedächtnis erwähnt Cicero, Brut. 301.

Hypereides (390–322 v. Chr.), attischer Redner; berühmt war seine Verteidigungsrede für die Hetäre Phryne.

Isokrates (436–338 v. Chr.), attischer Redner und berühmter Lehrer der Rhetorik; in seiner Schule vermittelte er ethische Erziehung und Allgemeinbildung. Sein Bildungsideal bezeichnete er als »Philosophia« (allerdings ohne spekulative Vertiefung). Die Redekunst betrachtete er als eine den ganzen Menschen formende Kraft. Die aus der Zeit seiner Lehrtätigkeit stammenden, stilistisch bis zur Vollkommenheit ausgearbeiteten »Reden« sollten als politische Flugschriften die öffentliche Meinung beeinflussen; außerdem dienten sie als Musterbeispiele für den Schulbetrieb.

Iulius Africanus (1. Hälfte des 1. Jh.s n. Chr.) aus Gallien, römischer Redner.

Iulius Caesar, C., s. Caesar.

Iulius Florus, kann nicht mit Sicherheit identifiziert werden. Nach manchen handelt es sich um jene Persönlichkeit, an die Horaz den Brief epist. I 3 richtete. Diese Gleichsetzung ergibt jedoch gewisse chronologische Schwierigkeiten.

Iulius Secundus (1. Jh. n. Chr.) aus Gallien, römischer Redner, Lehrer des Tacitus.

Kallimachos von Kyrene (3. Jh. v. Chr.), Gelehrter und richtungsweisender Dichter des Hellenismus; verfaßte u. a. »Hymnen«, »Epigramme«, »Aitia« (Ursprungssagen in elegischer Form), ein Epyllion »Hekale«; sehr stark war sein Einfluß auf die römische Elegie.

Kleitarchos (Datierung umstritten), lebte vermutlich in Alexandria; Verfasser einer Geschichte Alexanders des Großen.

Kratinos, Dichter der alten attischen Komödie, älterer Zeitgenosse des Aristophanes.

Laelius, D., wahrscheinlich identisch mit D. Laelius Balbus, einem gefürchteten Redner und Anklagevertreter unter Tiberius.

Laenas, Popilius, ein Rhetor unter Kaiser Tiberius.

Ligarius, Q., Legat in Afrika, im Jahre 46 v. Chr. von Q. Aelius Tubero (s. d.) wegen Landesverrates angeklagt, von Cicero in der Rede »Pro Ligario« erfolgreich verteidigt.

Livius, T. (59 v. Chr. bis 17 n. Chr.), römischer Historiker; von seinem Geschichtswerk »Ab urbe condita«, das in 142 Büchern die Zeit von der Gründung Roms bis zum Jahre 9 v. Chr. behandelte, sind nur 35 Bücher im Original, der Rest als Inhaltsangaben erhalten. Seine Sprache ist klar und flüssig; als sein stilistisches Vorbild gilt vor allem Cicero.

Livius Andronicus (um 250 v. Chr.), griechischer Freigelassener aus Tarent; erste greifbare Persönlichkeit der römischen Literatur; berühmt vor allem durch seine Odyssee-Übersetzung »Odusia«.

Lucanus, M. Annaeus aus Corduba (39–65), Neffe des Philosophen Seneca; nach Aufdeckung der Verschwörung des C. Calpurnius Piso gegen Nero gab er sich auf Befehl des Kaisers selbst den Tod. Sein Hauptwerk ist das unvollendete Epos »Pharsalia« (behandelt den Bürgerkrieg zwischen Caesar und Pompeius).

Lucilius, C. aus Suessa Aurunca (ca. 180–102 v. Chr.), Dichter der Satire (s. auch Anm. 72).

Lucretius Carus, T. (97–55 v. Chr.), Verfasser des philosophischen Lehrgedichtes »De rerum natura«, in dem er die materialistische Lehre Epikurs darstellt, um die Menschen von der Angst vor den Göttern und dem Tod zu befreien.

Lysias (ca. 445–380 v. Chr.), einer der bedeutendsten attischen Redner; Repräsentant des schlichten, klaren Stils; berühmt wegen seiner Charakterisierungskunst.

Macer, Aemilius aus Verona (1. Jh. v. Chr.), Verfasser von Lehrgedichten nach alexandrinischem Muster, von denen nur wenige Fragmente erhalten sind.

Marcellus, M. Claudius, Konsul im Jahre 51 v. Chr., ein Gegner Caesars.

Marcia, Gemahlin des Cato Uticensis (s. d.).

Menandros von Athen (342–290 v. Chr.), Hauptvertreter der ›neuen Komödie‹ (bürgerliches Lustspiel); seine Menschendarstellung beruht auf philosophischer Bildung. Aristophanes von Byzanz (s. d.) soll einmal ausgerufen haben: »Menandros und das Leben, wer von euch beiden hat den anderen nachgeahmt?«

Messala Corvinus, M. Valerius (64 v. bis 13 n. Chr.), Feldherr, Politiker, Redner und Schriftsteller; Förderer eines Dichterkreises, dessen bedeutendste Vertreter Tibull und Ovid waren.

Metrodoros von Skepsis (2. Jh. v. Chr.), Akademiker und Rhetor; sein ausgezeichnetes Gedächtnis erwähnt Cicero, De orat. II 360.

Milo, T. Annius, dessen Anhänger in einem Straßenkampf den Bandenführer P. Clodius Pulcher (s. d.) erschlagen hatten, wurde trotz der Verteidigung durch Cicero verurteilt. Die erhaltene Rede »Pro T. Annio Milone« ist mit der, die Cicero wirklich hielt, nicht identisch, sondern wurde nachträglich für die Veröffentlichung ausgearbeitet; sie gehört zu den besten Reden Ciceros.

Nikandros von Kolophon (2. Jh. v. Chr.), Verfasser von Lehrgedichten über Landbau, Bienenzucht, Schlangen; ferner von ›Metamorphosen‹ (Verwandlungssagen) u. a.

Ovidius Naso, P. aus Sulmo im Pälignerland (43 v. bis ca. 17 n. Chr.), von Augustus im Jahre 8 n. Chr. aus nicht ganz geklärten Gründen nach Tomi am Schwarzen Meer verbannt. Hauptwerke: »Ars amatoria«, »Metamorphosen«, »Fasti«, »Tristia«, »Epistulae ex ponto«.

Pacuvius, M. aus Brundisium (220 bis ca. 130 v. Chr.), römischer Tragödiendichter; von seinen Werken sind nur Titel und Fragmente erhalten.

Panyassis von Halikarnaß, Onkel des Herodot, epischer Dichter im 5. Jh. v. Chr.

Pedo, s. Albinovanus.

Peisandros von Kameiros auf Rhodos (6. Jh. v. Chr.), Verfasser eines Herakles-Epos.

Perikles (um 490–429 v. Chr.), berühmter Staatsmann von Athen.

Persius Flaccus, Aulus – überliefert auch Aules – (34–62), veröffentlichte ein Buch »Satiren«.

Philemon von Soloi – oder von Syrakus – (ca. 361–262 v. Chr.), athenischer Dichter der ›neuen Komödie‹. Von seinen Stücken sind nur einige Fragmente erhalten.

Philetas von Kos (um 300 v. Chr.), Gelehrter und Dichter.

Philistos von Syrakus (ca. 430–356 v. Chr.), verfaßte eine Geschichte Siziliens.

Phryne, bekannte Hetäre in Athen (s. auch Hypereides).

Pindaros aus Kynoskephalai bei Theben (ca. 521–441 v. Chr.), bedeutendster griechischer Chorlyriker. Von seinem Werk sind außer zahlreichen Bruchstücken vier Bücher »Epinikien« (Siegesgesänge), den Siegern bei den Olympischen, Pythischen, Nemeischen und Isthmischen Spielen gewidmet, erhalten.

Platon (427–347 v. Chr.), Schüler des Sokrates, wohl der bedeutendste Philosoph der Antike (Begründer der Ideenlehre). Gründete in Athen seine Schule: Akademie. Sein Einfluß auf die Entwicklung der europäischen Geistesgeschichte ist unabsehbar. Seine philosophischen Dialoge bilden den absoluten Höhepunkt griechischer Kunstprosa.

Plautus (Lesart unsicher!), ein – sonst unbekannter – Philosoph, den Quintilian auch inst. II 14, 2 und III 6, 23 erwähnt.

Plautus, T. Maccius aus Sarsina (ca. 254–184 v. Chr.), römischer Komödiendichter, von dem 21 Stücke überliefert sind.

Pollio, C. Asinius (76 v. bis 5 n. Chr.), Redner, Schriftsteller und Literaturkritiker; bekannt auch als Förderer von Dichtern.

Pomponius Secundus (1. Hälfte d. 1. Jh.s n. Chr.), römischer Tragödiendichter; nur geringe Reste seiner Stücke sind erhalten.

Porcius Latro, M., berühmter Rhetoriklehrer der Augusteischen Zeit; zu seinen Schülern zählte auch Ovid.

Propertius, Sextus (ca. 50–15 v. Chr.), römischer Elegiker.

Rabirius, C., Epiker der Augusteischen Zeit; möglicherweise Autor eines in Herkulaneum gefundenen Fragments über das Ende des Antonius.

Saleius, Bassus (1. Jh. n. Chr.), epischer Dichter, erwähnt auch von Juvenal VII 80 und Tacitus, dial. 5, 9, 10.

Sallustius Crispus, C. (86–35 v. Chr.), römischer Geschichtsschreiber; von seinen Werken sind die Monographien »Coniuratio Catilinae« und »Bellum Iugurthinum« vollständig erhalten. Eine gewisse Altertümlichkeit der Sprache, Kürze des Ausdrucks und geistreiche Antithesen charakterisieren seinen Stil.

Scipio Africanus (Minor), P. Cornelius (gest. 129 v. Chr.), Sieger im Dritten Punischen Krieg, zerstörte Karthago im Jahre 146. Ein um ihn versammelter Kreis geistig hochstehender Männer widmete sich der Pflege höherer Bildung, ›*humanitas*‹, und begünstigte die Verbreitung griechischer Kultur in Rom.

Seneca, L. Annaeus aus Corduba (4? v. Chr. bis 65 n. Chr.), Er-

zieher und (gemeinsam mit dem Prätorianerpräfekten Burrus) einflußreicher Ratgeber des jungen Nero. Nach Burrus' Tod zog er sich ins Privatleben zurück und widmete sich der schriftstellerischen Tätigkeit. Im Jahre 65 nahm er sich auf Befehl Neros wegen angeblicher Beteiligung an der Pisonischen Verschwörung das Leben. Seine zahlreichen philosophischen Abhandlungen, auf stoischer Grundlage beruhend, beschäftigen sich vor allem mit Fragen der Ethik – er will den Menschen zum wahren Glück führen –, aber auch mit naturphilosophischen Problemen. Einige seiner bekanntesten Werke: »Epistulae morales ad Lucilium«, »Dialogorum libri XII«, »Naturales quaestiones«. Daneben verfaßte er auch Tragödien. Von seinen Reden, die Quintilian erwähnt, ist keine erhalten.

Serranus: Ein Dichter dieses Namens wird von Juvenal (ca. 60 bis 130), VII 79 erwähnt. In unserem Text ist *Serranum* eine Konjektur.

Servilius Nonianus, M. (1. Hälfte des 1. Jh.s n. Chr.), Redner und Historiker.

Sextius, Q.; gründete in der früh-Augusteischen Zeit eine philosophische Schule (stoisch beeinflußt, mit pythagoreischen Elementen), die nach seinem Tod sein gleichnamiger Sohn übernommen hat. Zu ihrer Schule gehörte auch der im Folgenden erwähnte Cornelius Celsus.

Simonides von Keos (556–468 v. Chr.), Chorlyriker; dichtete Siegeslieder, Dithyramben, Klagelieder u. a.

Sophokles von Athen (496–406 v. Chr.), der eigentliche Klassiker der griechischen Tragödie. Von seinen Werken sind sieben Tragödien und ein Satyrspiel erhalten; die bekanntesten Tragödien sind: »Antigone«, »König Ödipus«, »Elektra«.

Stesichoros von Himera (ca. 640–555 v. Chr.), Chorlyriker; in seinen Liedern behandelte er heroische Stoffe aus verschiedenen Sagenkreisen. Erhalten sind nur wenige Fragmente.

Sulpicius Rufus, Servius, Konsul im Jahre 51 v. Chr., bedeutender Jurist zur Zeit Ciceros.

Terentius Afer, P. (gest. 159 v. Chr.), römischer Komödiendichter, von dem sechs Komödien erhalten sind.

Theokrit von Syrakus (3. Jh. v. Chr.), Verfasser von »Idyllen« (= kleinen Gedichten) hauptsächlich bukolischen Inhaltes (Hirtenpoesie).

Theophrast von Eresos (371–287 v. Chr.), Schüler des Aristoteles; behandelte in seinen Schriften Philosophie, Naturwissenschaft, Rhetorik u. a.; bekannt ist sein Werk »Die Charaktere«.

Theopompos von Chios (geb. um 376 v. Chr.), Schüler des Isokrates; sein Hauptwerk ist eine Geschichte der griechischen Welt im Zeitalter König Philipps II. von Makedonien.

Thukydides (ca. 460–396 v. Chr.), griechischer Historiker, Verfasser einer Geschichte des Peloponnesischen Krieges; Begründer der pragmatischen Geschichtsschreibung.

Tibullus, Albius (ca. 50–19 v. Chr.), römischer Elegiker.

Timagenes von Alexandria, Geschichtsschreiber, kam im Jahre 55 v. Chr. als Kriegsgefangener nach Rom, wo er als Rhetor tätig war. Von seinen Werken sind nur Titel bekannt.

Tiro, M. Tullius, Sklave und – seit 53 v. Chr. – Freigelassener Ciceros, dem er als Sekretär diente. Berühmt durch seine Erfindung der römischen Schnellschrift: »Notae Tironianae«.

Trachalus, P. Galerius (1. Jh. n. Chr.), römischer Redner.

Tubero, Q. Aelius (1. Jh. v. Chr.), Redner und Jurist.

Tullius, M., s. Cicero.

Tyrtaios (7. Jh. v. Chr.) begeisterte mit seinen kriegerischen Elegien die Spartaner für den Kampf gegen die Messenier.

Valerius Flaccus, C. (2. Hälfte d. 1. Jh.s n. Chr.), römischer Dichter; sein unvollständig erhaltenes Epos »Argonautica« widmete er Kaiser Vespasian.

Varius Rufus, L., ein Freund von Vergil und Horaz; sein Ruhm beruht auf der Tragödie »Thyestes«, von der nur geringe Reste erhalten sind.

Varro, M. Terentius aus Reate im Sabinerland (116–27 v. Chr.), Gelehrter; seine umfangreiche schriftstellerische Tätigkeit, auf die Quintilian hinweist, erstreckte sich auf nahezu alle Wissensgebiete seiner Zeit. Sein Hauptwerk: »Antiquitates rerum humanarum et divinarum«.

Varro Atacinus, P. Terentius (82 bis ca. 37 v. Chr.), Epiker, Satiriker und Übersetzer griechischer Gedichte. Berühmt war sein Hauptwerk »Argonautae«, eine freie Übersetzung der »Argonautika« von Apollonios Rhodios (s. d.). Nur Fragmente erhalten.

Vergilius Maro, P. (70–19 v. Chr.) aus Andes bei Mantua, römischer Dichter; Hauptwerke: »Bucolica« (auch »Eclogae« genannt), Vorbild Theokrit (s. d.); »Georgica«, ein Lehrgedicht über Ackerbau, Baumkultur, Viehzucht und Bienenzucht; sein Epos »Aeneis« gehört anerkanntermaßen zu den Meisterwerken der Weltliteratur.

Verres, C., Statthalter von Sizilien, wegen Erpressungen im Jahre 70 v. Chr. von Cicero angeklagt, von Hortensius verteidigt; Verres ging vor Beendigung des Gerichtsverfahrens ins Exil.

Cicero verarbeitete das gesamte Prozeßmaterial in sechs Reden, von denen nur die erste wirklich gehalten wurde.

Vibius Crispus, Q., (1. Jh. n. Chr.), Ankläger unter Nero.

Volusenus Catulus, sonst unbekannt.

Xenophon von Athen (ca. 426–354 v. Chr.), Schüler des Sokrates, vielseitiger Schriftsteller. Zu seinen wichtigsten Schriften zählen: »Anabasis« (»Zug der Zehntausend«), »Hellenika« (Fortsetzung des Geschichtswerkes des Thukydides) und »Erinnerungen an Sokrates«.

Literaturhinweise

Gesamtausgaben:

G. L. Spalding, M. Fabii Quintiliani De institutione oratoria libri XII. Bd. I–IV (mit ausführlichen, auch heute noch sehr wertvollen Erklärungen). Leipzig 1798–1816. – Bd. V von C. T. Zumpt. Leipzig 1829. – Bd. VI = Lexicon Quintilianeum von E. Bonnell. Leipzig 1834.

L. Radermacher, M. Fabi Quintiliani Institutionis oratoriae libri XII. Addenda et corrigenda collegit et adiecit V. Buchheit. Leipzig [3]1965.

M. Winterbottom, M. Fabi Quintiliani Institutionis oratoriae libri XII. Oxford 1970. (Oxford Class. Texts.)

H. E. Butler, The Institutio oratoria of Quintilian with an English Translation. 4 Bde. London u. Cambridge (Mass.) 1959 bis 1963. (The Loeb Class. Library.)

R. Faranda, L'Istituzione oratoria di Marco Fabio Quintiliano (Text und eine italienische Übersetzung mit reichhaltiger Bibliographie). 2 Bde. Turin 1968. Classici Latini. Collezione fondata da Augusto Rostagni, diretta da Italo Lana.

Kommentierte Ausgaben einzelner Bücher:

F. H. Colson, M. Fabii Quintiliani Institutionis oratoriae liber I. Cambridge 1924.

J. Adamietz, M. F. Quintiliani Institutionis oratoriae liber III (mit reichhaltiger Bibliographie). München 1966.

W. Peterson, M. Fabi Quintiliani Institutionis oratoriae liber X (mit bisher bestem Kommentar). Oxford 1891. Repr. Nachdruck Hildesheim 1967.

D. Bassi, Quintiliano, Il libro decimo dell' Istituzione oratoria. Turin [3]1921. Unveränderter Nachdruck Turin 1960.

L. Valmaggi u. L. Castiglioni, M. Fabii Quintiliani Institutionis oratoriae liber X. Turin [3]1948.

R. G. Austin, Quintiliani Institutionis oratoriae liber XII. Oxford [3]1965.

Sekundärliteratur:

Assfahl, G.: Vergleich und Metapher bei Quintilian. Tübinger Beiträge zur Altertumswissenschaft, 15. Heft. Stuttgart 1932.

Clarke, M. L.: Quintilian: A Biographical Sketch. In: Greece and Rome, IInd Series, Vol. 14. Oxford 1967. S. 24–37.

Culver, H. F.: Quintilian's Condemnation of Seneca. In: The Classical Bulletin, Saint Louis. XLIV (1967) S. 26–28.

Kennedy, G.: Quintilian (mit ausgewählter Bibliographie). New York 1969.

Marrou, H. I.: Geschichte der Erziehung im klassischen Altertum. Übersetzt von Ch. Baumann, hrsg. von R. Harder. Freiburg u. München 1957. (Französische Originalausgabe: Histoire de l'éducation dans l'antiquité. Paris [3]1955.)

Norden, E.: Die Antike Kunstprosa. 2 Bde. Darmstadt (Wissenschaftliche Buchgesellschaft) [5]1958.

Quadlbauer, F.: Die antike Theorie der genera dicendi im lateinischen Mittelalter. SB. der Österr. Ak. Wiss., phil.-hist. Kl. Bd. 241, 2. Abhandlung. Wien 1962.

Schwabe, L.: M. *Fabius* Quintilianus (137). In: RE Sp. 1845 ff.